AF356258

LE CHEVALIER DE MAISON-ROUGE.

LE CHEVALIER

DE

MAISON-ROUGE

PAR

ALEXANDRE DUMAS.

5

PARIS

ALEXANDRE CADOT, ÉDITEUR,

32, RUE DE LA HARPE.

1846

I

Le Cabaret du Puits de Noé

(SUITE)

En ce moment, la maîtresse de l'établissement rentra, apportant au citoyen Gracchus sa soupe et sa chopine. Ce n'était l'affaire ni de Gracchus, ni du patriote, qui avaient encore quelques communications à se faire.

— Citoyenne, dit le guichetier, j'ai reçu une petite gratification du père Richard, de sorte que je me permettrai aujourd'hui la côtelette de porc aux cornichons et la bouteille de vin de Bourgogne; envoie ta servante me chercher l'une chez le charcutier, et va me chercher l'autre à la cave.

L'hôtesse donna aussitôt ses ordres. La servante sortit par la porte de la rue, et elle sortit, elle, par la porte de la cave.

— Bien, dit le patriote, tu es un garçon intelligent.

— Si intelligent que je ne me cache pas, malgré vos belles promesses de quoi il retourne pour nous deux. Vous vous doutez de quoi il retourne ?

— Oui, parfaitement.

— C'est notre cou à tous deux que nous jouons.

— Ne t'inquiète pas du mien.

— Ce n'est pas le vôtre non plus, Monsieur, qui me cause, je l'avoue, la plus vive inquiétude.

— C'est le tien ?

— Oui.

— Mais si je l'estime le double de ce qu'il vaut ?

— Eh! Monsieur, c'est une chose très précieuse que le cou.

— Pas le tien.

— Comment! pas le mien?

— En ce moment, du moins.

— Que voulez-vous dire?

— Je veux dire que ton cou ne vaut pas une obole, attendu que si, par exemple, j'étais un agent du Comité de salut public, tu serais guillotiné demain.

Le guichetier se retourna d'un mouvement si brusque, que le chien aboya contre lui.

Il était pâle comme la mort.

—Ne te tourne pas et ne pàlis pas, dit le patriote, achève tranquillement ta soupe au contraire : je ne suis pas un agent provocateur, l'ami. Fais-moi entrer à la Conciergerie, installe-moi à ta place, donne-moi les clés et demain je te compte cinquante mille livres en or.

—C'est bien vrai, au moins ?

—Oh! tu as une fameuse caution, tu as ma tête.

Le guichetier médita quelques secondes.

—Allons ! dit le patriote qui le voyait dans sa glace, allons! ne fais pas de mauvaises réflexions; si tu me dénonces, comme tu n'auras fais que ton devoir, la

République ne te donnera pas un sou ; si tu me sers, comme au contraire tu auras manqué à ce même devoir, et qu'il est injuste dans ce monde de faire quelque chose pour rien, je te donnerai les cinquante mille livres.

— Oh ! je comprends bien, dit le guichetier, j'ai tout bénéfice à faire ce que vous demandez, mais je crains les suites....

— Les suites... et qu'as-tu à craindre ? voyons, ce n'est pas moi qui te dénoncerai ; au contraire.

— Sans doute.

— Le lendemain du jour où je suis installé, tu viens faire un tour à la Conciergerie, je te compte vingt-cinq rouleaux contenant chacun deux mille francs; ces vingt-cinq rouleaux tiendront à l'aise dans tes deux poches. Avec l'argent je te donne une carte pour sortir de France, tu pars; et partout où tu vas, tu es, sinon riche, du moins indépendant.

— Eh bien! c'est dit, Monsieur, arrive qu'arrive. Je suis un pauvre diable, moi; je ne me mêle pas de politique, la France a toujours bien marché sans moi, et ne périra pas faute de moi; si vous faites une méchante action, tant pis pour vous.

— En tous cas, dit le patriote, je ne crois pas pouvoir faire pis que l'on fait en ce moment.

— Monsieur me permettra de ne pas juger la politique de la Convention nationale.

— Tu es un homme admirable de philosophie et d'insouciance ; maintenent , voyons, quand me présentes-tu au père Richard ?

— Ce soir, si vous voulez.

— Oui, certainement. Qui suis-je ?

— Mon cousin Mardoche.

— Mardoche , soit; le nom me plaît. Quel état ?

— Culottier.

— De culottier à tanneur, il n'y a que la main.

— Etes-vous tanneur?

— Je pourrais l'être.

— C'est vrai.

— A quelle heure la présentation ?

— Dans une demi-heure, si vous voulez.

— A neuf heures alors.

— Quand aurai-je l'argent?

— Demain.

— Vous êtes donc énormément riche?

— Je suis à mon aise.

— Un ci-devant, n'est-ce pas?

— Que t'importe !

— Avoir de l'argent, et donner son argent pour courir le risque d'être guillotiné, en vérité, il faut que les ci-devant soient bien bêtes !

— Que veux-tu? les sans-culottes on tant d'esprit qu'il n'en reste pas aux autres.

— Chut! voilà mon vin.

— A ce soir, en face la Conciergerie.

— Oui.

Le patriote paya son écot et sortit.

De la porte on l'entendit crier de sa voix de tonnerre :

— Allons donc, citoyenne! les côte-

lettes aux cornichons! mon cousin Gracchus meurt de faim.

— Ce bon Mardoche! dit le guichetier,
en dégustant le verre de Bourgogne que
venait de lui verser la cabaretière, en le
regardant tendrement.

II

Le greffier du ministère de la guerre.

Le patriote était sorti, mais ne s'était
pas éloigné. A travers les vitres enfu-
mées, il guettait le guichetier, pour voir
s'il n'entrerait pas en communication
avec quelques-uns de ces agents de la
police républicaine, l'une des meilleures

qui eût jamais existé, car la moitié de la
société espionnait l'autre, moins encore
pour la plus grande gloire du gouvernement que pour la plus grande sûreté de
sa tête.

Mais rien de ce que craignait le patriote n'arriva; à neuf heures moins
quelques minutes, le guichetier se leva,
prit le menton de la cabaretière et sortit.

Le patriote le rejoignit sur le quai de
la Conciergerie, et tous deux entrèrent
dans la prison.

Dès le soir même le marché fut conclu,
le père Richard accepta le guichetier
Mardoche en remplacement du citoyen
Gracchus.

Deux heures avant que cette affaire ne s'arrangeât dans la geôle, une scène se passait dans une autre partie de la prison qui, quoique sans intérêt apparent, avait une importance non moins grande pour les principaux personnages de cette histoire.

Le greffier de la Conciergerie, fatigué de sa journée, allait plier les registres et sortir, quand un homme, conduit par la citoyenne Richard, se présenta devant son bureau.

— Citoyen greffier, dit-elle, voici votre confrère du ministère de la guerre qui vient de la part du citoyen ministre pour relever quelques écrous militaires.

— Ah! citoyen, dit le greffier, vous arrivez un peu tard, je pliais bagage.

— Cher confrère, pardonnez-moi, répondit le nouvel arrivant, mais nous avons tant de besogne, que nos courses ne peuvent guère se faire qu'à nos moments perdus, et nos moments perdus, à nous, ne sont guère que ceux où les autres mangent et dorment.

— S'il en est ainsi, faites, mon cher confrère, mais hâtez-vous, car, ainsi que vous le dites, c'est l'heure du souper et j'ai faim. Avez-vous vos pouvoirs?

— Les voici, dit le greffier du ministère de la guerre en exhibant un portefeuille que son confrère, tout pressé qu'il était, examina avec une scrupuleuse attention.

— Oh! tout cela est en règle, dit la

femme Richard, et mon mari a déjà passé l'inspection.

— N'importe, n'importe, dit le greffier en continuant son examen.

Le greffier de la guerre attendit patiemment et en homme qui s'était attendu au strict accomplissement de ces formalités.

— A merveille, dit le greffier de la Conciergerie, et vous pouvez maintenant commencer quand vous voudrez. Avez-vous beaucoup d'écrous à relever.

— Une centaine.

— Alors vous en avez pour plusieurs jours ?

— Aussi, cher confrère, est-ce une

espèce de petit établissement que je viens fonder chez vous, si vous le permettez toutefois.

— Comment l'entendez-vous ? demanda le greffier de la Conciergerie.

— C'est ce que je vous expliquerai en vous emmenant souper ce soir avec moi ; vous avez faim ? vous l'avez dit.

— Et je ne m'en dédis pas.

— Eh bien ! vous verrez ma femme, c'est une bonne cuisinière ; puis vous ferez connaissance avec moi, je suis un bon garçon.

— Ma foi, oui, vous me faites cet effet-là ; cependant, cher confrère...

— Oh ! acceptez sans façon des huîtres

que j'achèterai en passant sur la place du Châtelet, un poulet de chez notre rôtisseur, et deux ou trois petits plats que madame Durand fait dans la perfection.

— Vous me séduisez, cher confrère, dit le greffier de la Conciergerie, ébloui par ce menu auquel n'était pas accoutumé un greffier payé par le tribunal révolutionnaire, à raison de 10 livres en assignats, lesquelles valaient en réalité 2 francs à peine.

—Ainsi vous acceptez ?

— J'accepte.

— En ce cas, à demain le travail ; pour ce soir, partons.

— Partons.

— Venez-vous ?

— A l'instant ; laissez-moi seulement prévenir les gendarmes qui gardent l'Autrichienne.

— Pourquoi faire les prévenez-vous ?

— Afin qu'ils soient avertis que je sors et que, sachant par conséquent qu'il n'y a plus personne au greffe, tous les bruits leur deviennent suspects.

— Ah ! fort bien ; excellente précaution, ma foi !

— Vous comprenez, n'est-ce pas ?

— A merveille, allez !

Le greffier de la Conciergerie alla

en effet heurter au guichet, et l'un des gendarmes ouvrit en disant :

— Qui est là ?

— Moi ! le greffier, vous savez, je pars. Bonsoir, citoyen Gilbert.

— Bonsoir, citoyen greffier.

Et le guichet se referma.

Le greffier de la guerre avait examiné toute cette scène avec la plus grande attention, et quand la porte de la prison de la reine restait ouverte, son regard avait rapidement plongé jusqu'au fond du premier compartiment : il avait vu le gendarme Duchesne à table, et s'était en conséquence assuré que la reine n'avait que deux gardiens.

Il va sans dire que lorsque le greffier de la Conciergerie se retourna, son confrère avait repris l'aspect le plus indifférent qu'il avait pu donner à sa physionomie.

Comme ils sortaient de la Conciergerie, deux hommes y allaient entrer.

Ces deux hommes qui y allaient entrer, étaient le citoyen Gracchus et son cousin Mardoche.

Le cousin Mardoche et le greffier de la guerre, chacun par un mouvement qui semblait émaner d'un sentiment pareil, enfoncèrent, en s'apercevant, l'un son bonnet à poil, l'autre son chapeau à larges bords sur les yeux.

— Quels sont ces hommes ? demanda le greffier de la guerre.

— Je n'en connais qu'un, c'est un guichetier nommé Gracchus.

— Ah ! fit l'autre avec une indifférence affectée ; les guichetiers sortent donc à la Conciergerie ?

— Ils ont leur jour.

L'investigation ne fut pas poussée plus loin ; les deux nouveaux amis prirent le Pont-au-Change. Au coin de la place du Châtelet, le greffier de la guerre, selon son programme annoncé, acheta une cloyère de douze douzaines d'huîtres : puis on continua de s'avancer par le quai de Gêvres.

La demeure du greffier du ministère de la guerre était fort simple : le citoyen Durand habitait trois petites pièces sur la place de Grève, dans une maison sans portier. Chaque locataire avait une clé de la porte de l'allée, et il était convenu que l'on s'avertirait quand on n'avait pas pris cette clé avec soi, par un, deux ou trois coups de marteau, selon l'étage que l'on habitait : la personne qui en attendait une autre, et qui reconnaissait le signal, descendait alors et ouvrait la porte.

Le citoyen Durand avait sa clé dans sa poche, il n'eut donc pas besoin de frapper.

On monta deux étages, le Citoyen Durand tira une seconde clé de sa poche et entra.

Le greffier du Palais trouva madame la greffière de la guerre fort à son goût, c'était une charmante femme, en effet, à laquelle une profonde expression de tristesse répandue sur sa physionomie, donnait à la première vue un puissant intérêt. Il est à remarquer que la tristesse est un des plus sûrs moyens de séduction des jolies femmes : la tristesse rend amoureux tous les hommes, sans exception, même les greffiers ; car quoi qu'on dise, les greffiers sont des hommes, et il n'est aucun amour-propre féroce ou aucun cœur sensible qui n'espère consoler une jolie femme affligée, et changer les roses blanches d'un teint pâle en des roses plus riantes, comme disait le citoyen Dorat.

Les deux greffiers soupèrent de fort bon appétit, il n'y eut que madame Durand qui ne mangea point.

Les questions cependant marchaient de part et d'autre.

Le greffier de la guerre demandait à son confrère, avec une curiosité bien remarquable dans ces temps des drames quotidiens, quels étaient les usages du Palais, les jours de jugement, les moyens de surveillance.

Le greffier du Palais, enchanté d'être écouté avec tant d'attention, répondait avec complaisance et disait les mœurs des geôliers, celles de Fouquier-Thinville, et enfin celles du citoyen Samson, le principal acteur de cette tragédie qu'on jouait chaque soir sur la place de la Révolution.

Puis, s'adressant à son collègue et à son hôte, il lui demandait à son tour des renseignements sur son ministère à lui.

— Oh ! dit Durand, je suis moins bien renseigné que vous, étant un personnage infiniment moins important que vous, attendu que je suis plutôt secrétaire de greffier que titulaire de la place ; je fais la besogne du greffier en chef ; obscur employé, à moi la peine, aux illustres le profit, c'est l'habitude de toutes les bureaucraties même révolutionnaires. La terre et le ciel changeront peut-être un jour, mais les bureaux ne changeront pas.

— Eh bien, je vous aiderai, citoyen, dit le greffier du Palais charmé du bon vin de son hôte et surtout charmé des beaux yeux de madame Durand.

— Oh ! merci, dit celui à qui cette offre gracieuse était faite, tout ce qui change les habitudes et les localités est

une distraction pour un pauvre employé,
et je crains plutôt de voir finir mon travail à la Conciergerie que de le voir
traîner en longueur, et pourvu que chaque soir je puisse amener au greffe madame Durand qui s'ennuierait ici.

— Je n'y vois pas d'inconvénient, dit
le greffier du Palais, enchanté de l'ai-
mable distraction que lui promettait son
confrère.

— Elle me dictera les écrous, continua le citoyen Durand ; et puis de temps
en temps, la besogne faite, si vous n'avez
pas trouvé le souper de ce soir trop
mauvais, vous en reviendrez prendre un
pareil.

— Oui, mais pas trop souvent, dit
avec fatuité le greffier du Palais, car je

vous avouerai que je serais grondé si je rentrais plus tard que d'habitude dans une certaine petite maison de la rue du Petit-Musc.

— Eh bien! voilà qui s'arrangera merveilleusement bien, dit Durand; n'est-ce pas, ma chère amie?

Madame Durand, fort pâle et fort triste toujours, leva les yeux sur son mari, et répondit:

— Que votre volonté soit faite.

Onze heures sonnaient; il était temps de se retirer. Le greffier du Palais se leva, et prit congé de ses nouveaux amis, en leur exprimant tout le plaisir qu'il avait de faire connaissance avec eux et leur dîner.

Le citoyen Durand reconduisit son hôte jusque sur le palier, puis rentrant dans la chambre :

— Allons, Geneviève, dit-il, couchez-vous.

La jeune femme, sans répondre, se leva, prit une lampe, et passa dans la chambre à droite.

Durand, ou plutôt Dixmer, la regarda sortir, resta un instant pensif et le front sombre après son départ ; puis, à son tour, il passa dans la sienne, qui était du côté opposé.

III

Les préparatifs de Dixmer.

Ce lendemain, préparé par une nuit d'insomnie, vint enfin, terrible et, l'on peut dire sans exagération, couleur de sang.

Chaque jour, en effet, à cette époque

et dans cette année, le plus beau soleil avait ses taches livides.

La reine dormit à peine et d'un sommeil sans repos; à peine avait-elle les yeux fermés qu'il lui semblait voir couler le sang, qu'il lui semblait entendre pousser des cris.

Elle s'était endormie, sa lime dans sa main.

Une partie de la journée fut donnée par elle à la prière. Ses gardiens la voyaient prier si souvent, qu'ils ne prirent aucune inquiétude de ce surcroît de dévotion.

De temps en temps la prisonnière tirait de son sein la lime qui lui avait été transmise par un de ses sauveurs, et elle comparait la faiblesse de l'instrument à la force des barreaux.

Heureusement ces barreaux n'étaient scellés dans le mur que d'un côté, c'est-à-dire par en bas.

La partie supérieure s'emboîtait dans un barreau transversal ; la partie inférieure sciée, on n'avait donc qu'à tirer le barreau et le barreau venait.

Mais ce n'étaient pas les difficultés physiques qui arrêtaient la reine : elle comprenait parfaitement que la chose était possible, et c'est cette possibilité même qui faisait de l'espérance une flamme sanglante qui éblouissait ses yeux.

Elle sentait que pour arriver à elle il faudrait que ses amis tuassent les hommes qui la gardaient, et elle n'eût consenti leur mort à aucun prix; ces hommes étaient les seuls qui depuis si longtemps lui avaient montré quelque pitié.

D'un autre côté, au-delà de ces barreaux qu'on lui disait de scier, de l'autre côté du corps de ces deux hommes qui devaient succomber en empêchant ses sauveurs d'arriver jusqu'à elle, était la vie, la liberté, et peut-être la vengeance, trois choses si douces, pour une femme surtout, qu'elle demandait à Dieu pardon de les désirer si ardemment.

Elle crut, au reste, remarquer que nul soupçon n'agitait ses gardiens et qu'ils n'avaient pas même la conscience du piège où l'on voulait faire tomber leur prisonnière, en supposant que le complot fût un piège.

Ces hommes simples se fussent trahis à des yeux aussi exercés que l'étaient ceux d'une femme habituée à deviner le mal à force de l'avoir souffert.

La reine renonçait donc presque entièrement à la portion de ses idées qui lui faisait examiner la double ouverture qui lui avait été faite comme un piège ; mais à mesure que la honte d'être prise dans ce piège la quittait, elle tombait dans l'appréhension plus grande encore de voir couler sous ses yeux un sang versé pour elle.

— Bizarre destinée, et sublime spectacle ! murmurait-elle ; deux conspirations se réunissent pour sauver une pauvre reine ou plutôt une pauvre femme prisonnière qui n'a rien fait pour séduire ou encourager les conspirateurs, et elles vont éclater en même temps.

Qui sait! elles ne font qu'une, peut-être. Peut-être est-ce une double mine qui doit aboutir à un seul point.

Si je voulais, je serais donc sauvée!

Mais une pauvre femme sacrifiée à ma place ;

Mais deux hommes tués pour que cette femme arrive jusqu'à moi ;

Dieu et l'avenir ne me pardonneraient pas.

Impossible, impossible !.....

Mais alors passaient et repassaient dans son esprit ces grandes idées de dévoûment des serviteurs pour les maîtres et ces antiques traditions du droit des maîtres sur la vie des serviteurs ; fantômes presque effacés de la Royauté mourante.

Anne d'Autriche eût accepté, se disait-elle, Anne d'Autriche eût mis au-dessus de toutes choses ce grand principe du salut des personnes royales.

Anne d'Autriche était du même sang que moi, et presque dans la même situation que moi.

Folie d'être venue poursuivre la royauté d'Anne d'Autriche en France !

Aussi n'est-ce point moi qui suis venue ; deux rois ont dit : Il est important que deux enfants royaux qui ne se sont jamais vus, qui ne s'aiment pas, qui ne s'aimeront peut-être jamais, soient mariés au même autel, pour aller mourir sur le même échafaud.

Et puis ma mort n'entraînera-t-elle pas celle du pauvre enfant qui, aux yeux de mes rares amis, est encore roi de France?

Et quand mon fils sera mort comme est mort mon mari, leurs deux ombres ne souriront-elles pas de pitié en me voyant, pour ménager quelques gouttes de sang vulgaire, tacher de mon sang les débris du trône de Saint-Louis?

Ce fut dans ces angoisses toujours croissantes, dans cette fièvre du doute, dont les pulsations vont sans cesse redoublant, dans l'horreur de ces craintes, enfin, que la reine atteignit le soir.

Plusieurs fois elle avait examiné ses deux gardiens ; jamais ils n'avaient eu l'air plus calmes.

Jamais non plus les petites attentions de ces hommes grossiers, mais bons, ne l'avaient frappée davantage.

Quand les ténèbres se firent dans le cachot, quand retentit le pas des rondes, quand le bruit des armes et le hurlement des chiens alla éveiller l'écho des sombres voûtes, quand enfin toute la prison se révéla effrayante et sans espérances, Marie-Antoinette , domptée par la faiblesse inhérente à la nature de la femme, se leva épouvantée.

— Oh ! je fuirai, dit-elle ; oui, oui, je fuirai. Quand on viendra, quand on parlera, je scierai un barreau, et j'attendrai

ce que Dieu et mes libérateurs ordonne-
ront de moi. Je me dois à mes enfants,
on ne les tuera pas, et si on les tue et que
je sois libre, oh ! alors au moins.....

Elle n'acheva pas, ses yeux se fer-
mèrent ; sa bouche étouffa sa voix. Ce
fut un rêve effrayant que celui de cette
pauvre reine dans une chambre fermée
de verrous et de grilles. Mais bientôt,
dans son rêve, toujours grilles et verrous
tombèrent ; elle se vit au milieu d'une
armée sombre, impitoyable ; elle ordon-
nait à la flamme de briller, au fer de sortir du fourreau ; elle se vengeait d'un
peuple qui au bout du compte n'était pas
le sien.

Pendant ce temps Gilbert et Dufresne
causaient tranquillement et préparaient
leur repas du soir.

Pendant ce temps aussi Dixmer et Geneviève entraient à la Conciergerie, et, comme d'habitude, s'installaient dans le greffe. Au bout d'une heure de cette installation, comme d'habitude encore, le greffier du Palais achevait sa tâche et les laissait seuls.

Dès que la porte se fut refermée sur son collègue, Dixmer se précipita vers le panier vide deposé à la porte en échange du panier du soir.

Il saisit le morceau de pain, le brisa et retrouva l'étui.

Le mot de la reine y était renfermé : il le lut en pâlissant.

Et comme Geneviève l'observait, il déchira le papier en mille morceaux, qu'il vint jeter dans la gueule enflammée du poêle.

— C'est bien, dit-il ; tout est convenu.

Puis, se retournant vers Geneviève :

— Venez, Madame, dit-il.

— Moi ?

— Oui, il faut que je vous parle bas.

Geneviève, immobile et froide comme le marbre, fit un geste de résignation et s'approcha.

— Voici l'heure venue, Madame, dit Dixmer, écoutez-moi.

— Oui, Monsieur.

— Vous préférez une mort utile à

votre cause, une mort qui vous fasse bé-
nir de tout un parti et plaindre de tout
un peuple, à une mort ignominieuse et
toute de vengeance, n'est-ce pas?

— Oui, Monsieur.

— J'eusse pu vous tuer sur la place
lorsque je vous ai rencontrée chez votre
amant ; mais un homme qui a comme
moi consacré sa vie à une œuvre hono-
rable et sainte, doit savoir tirer parti de
ses propres malheurs en les consacrant
à cette cause, c'est ce que j'ai fait, ou
plutôt ce que je compte faire. Je me suis,
comme vous l'avez vu, refusé le plaisir
de me faire justice. J'ai aussi épargné
votre amant.

Quelque chose comme un sourire fugitif, mais terrible, passa sur les lèvres décolorées de Geneviève.

— Mais, quant à votre amant, vous devez comprendre, vous qui me connaissez, que je n'ai attendu que pour trouver mieux.

— Monsieur, dit Geneviève, je suis prête ; pourquoi donc alors ce préambule ?

— Vous êtes prête ?

—Oui, vous me tuez. Vous avez raison, j'attends.

Dixmer regarda Geneviève et tressaillit malgré lui ; elle était sublime en ce moment : une auréole l'éclairait, la plus brillante de toutes, celle qui vient de l'amour.

— Je continue, reprit Dixmer. J'ai prévenu la reine ; elle attend ; cependant,
selon toute probabilité, elle fera quelques objections ; mais vous la forcerez.

— Bien, Monsieur, donnez vos ordres,
et je les exécuterai.

— Tout à l'heure, continua Dixmer,
je vais heurter à la porte, Gilbert va ouvrir ; avec ce poignard, — Dixmer ouvrit
son habit et montra, en le tirant à moitié
du fourreau, un poignard à double tranchant ; — avec ce poignard je le tuerai.

Geneviève frissonna malgré elle. Dixmer fit un signe de la main pour lui im-
poser l'attention.

— Au moment où je le frappe, conti-
nua-t-il, vous vous élancez dans la se-

conde chambre, dans celle où est la reine.
Il n'y a pas de porte, vous le savez, seulement un paravent, et vous changez d'habits avec elle, tandis que je tue le second
soldat.

Alors je prends le bras de la reine, et
je passe le guichet avec elle.

— Fort bien, dit froidement Geneviève.

—Vous comprenez? continua Dixmer;
chaque soir on vous voit avec ce mantelet
de taffetas noir qui cache ce visage. Met-
tez votre mantelet à Sa Majesté, et dra-
pez-le comme vous avez l'habitude de le
draper vous-même.

— Je le ferai ainsi que vous le dites,
Monsieur.

— Il me reste maintenant à vous pardonner et à vous remercier, Madame, dit Dixmer.

Geneviève secoua la tête avec un froid sourire.

— Je n'ai pas besoin de votre pardon, ni de votre merci, Monsieur, dit-elle en étendant la main ; ce que je fais ou plutôt ce que je vais faire, effacerait un crime, et je n'ai commis qu'une faiblesse ; et encore cette faiblesse, rappelez-vous votre conduite, Monsieur, vous m'avez presque forcée à la commettre. Je m'éloignais de lui, et vous me repoussiez dans ses bras; de sorte que vous êtes l'instigateur, le juge et le vengeur. C'est donc à moi de vous pardonner ma mort, et je vous la pardonne. C'est donc à moi de vous remercier, Monsieur, de m'ôter la vie, puisque la vie m'eût été insupportable séparée de l'homme que j'aime uniquement, depuis cette heure surtout où vous avez brisé par votre féroce vengeance tous les liens qui m'attachaient à lui.

Dixmer s'enfonçait les ongles dans la poitrine ; il voulut répondre, la voix lui manqua.

Il fit quelques pas dans le greffe.

— L'heure passerait, dit-il enfin ; toute seconde à son utilité. Allons, Madame, êtes-vous prête ?

— Je vous l'ai dit, Monsieur, répondit Geneviève avec le calme des martyrs, j'attends !

Dixmer rassembla tous ses papiers, alla

voir si les portes étaient bien closes, si personne ne pouvait entrer dans le greffe, puis il voulut réitérer ses instructions à sa femme.

— Inutile, Monsieur, dit Geneviève, je sais parfaitement ce que j'ai à faire.

— Alors, adieu !

Et Dixmer lui tendit la main, comme si, à ce moment suprême, toute récrimination devait s'effacer devant la grandeur de la situation et la sublimité du sacrifice.

Geneviève, en frémissant, toucha du bout des doigts la main de son mari.

— Placez-vous près de moi, Madame,

dit Dixmer, et aussitôt que j'aurai frappé Gilbert, passez.

— Je suis prête.

Alors, Dixmer serra dans sa main droite son large poignard, et de la gauche il heurta à la porte.

IV

Les préparatifs du chevalier de Maison-Rouge.

Pendant que la scène décrite dans le chapitre précédent se passait à la porte du greffe donnant dans la prison de la reine, ou plutôt dans la première chambre occupée par les deux gendarmes, d'autres préparatifs se faisaient au côté opposé, c'est-à-dire dans la cour des femmes.

Un homme apparaissait tout-à-coup comme une statue de pierre qui se serait détachée de la muraille. Cet homme était suivi de deux chiens, et tout en fredonnant le *Ça ira*, chanson fort à la mode à cette époque, il avait, d'un coup du trousseau de clés qu'il tenait à la main, râclé les cinq barreaux qui fermaient la fenêtre de la reine.

La reine avait tressailli d'abord, mais reconnaissant la chose pour un signal, elle avait aussitôt ouvert doucement sa fenêtre et s'était mise à la besogne d'une main plus expérimentée qu'on n'aurait pu le croire, car plus d'une fois dans l'atelier de serrurerie où son royal époux s'amusait autrefois à passer une partie de ses journées, elle avait de ses doigts délicats touché des instruments pareils à celui sur lequel, à cette heure, reposaient toutes ses chances de salut.

Dès que l'homme au trousseau de clés entendit la fenêtre de la reine s'ouvrir, il alla frapper à celle des gendarmes.

— Ah! ah! dit Gilbert en regardant à travers les carreaux, c'est le citoyen Mardoche.

— Lui-même, répondit le guichetier. Eh bien! mais, il paraît que nous faisons bonne garde?

— Comme d'habitude, citoyen porteclés. Il me semble que vous ne nous trouvez pas souvent en défaut?

— Ah! dit Mardoche, c'est que cette nuit la vigilance est plus nécessaire que jamais.

— Bah! dit Dufresne qui s'était approché.

—Certainement.

— Qu'y a-t-il donc?

— Ouvrez la fenêtre, et je vous conterai cela.

— Ouvre, dit Dufresne.

Gilbert ouvrit et échangea une poignée de main avec le porte-clés, qui s'était déjà fait l'ami des deux gendarmes.

—Qu'y a-t-il donc, citoyen Mardoche? répéta Gilbert.

— Il y a que la séance de la Convention a été un peu chaude. L'avez-vous lue?

— Non. Que s'est-il donc passé?

— Ah! il s'est passé d'abord que le citoyen Hébert a découvert une chose.

— Laquelle?

— C'est que des conspirateurs que l'on croyait morts sont vivants et très vivants.

— Ah! oui, dit Gilbert; Delessart et Thierry; j'ai entendu parler de cela; ils sont en Angleterre, les gueux.

— Et le chevalier de Maison Rouge? dit le porte-clés en haussant la voix de manière à ce que la reine l'entendît.

— Comment, il est en Angleterre aussi, celui-là?

— Pas du tout, il est en France, continua Mardoche en soutenant sa voix au même diapason.

— Il y est donc revenu ?

— Il ne l'a pas quittée.

— En voilà un qui a du front! dit Dufresne.

— C'est comme cela qu'il est.

— Eh bien! on va tâcher de l'arrêter.

— Certainement, qu'on va tâcher de l'arrêter; mais ce n'est pas chose facile, à ce qu'il paraît aussi.

En ce moment, comme la lime de la reine grinçait si fortement sur les barreaux que le porte-clés craignait qu'on ne l'entendît, malgré les efforts qu'il faisait pour la couvrir, il appuya le talon sur la patte d'un de ses deux chiens, qui poussa un hurlement de douleur.

— Ah ! pauvre bête, dit Gilbert.

— Bah! dit le porte-clés, il n'avait qu'à mettre des sabots. Veux-tu te taire, Girondin, veux-tu te taire !

— Il s'appelle Girondin, ton chien, citoyen Mardoche ?

— Oui, c'est un nom que je lui ai donné comme cela.

— Et tu disais donc, reprit Dufresne,

qui, prisonnier lui-même, prenait aux nouvelles tout l'intérêt qu'y prennent les prisonniers; tu disais donc?

— Ah! c'est vrai, je disais qu'alors le citoyen Hébert, en voilà un patriote! je disais que le citoyen Hébert avait fait la motion de ramener l'Autrichienne au Temple.

— Et pourquoi cela?

— Dam! parce qu'il prétend qu'on ne l'a tirée du Temple que pour la soustraire à l'inspection immédiate de la commune de Paris.

— Oh! et puis un peu aux tentatives de ce damné Maison-Rouge, dit Gilbert; il me semble que le souterrain existe.

— C'est aussi ce que lui a répondu le

citoyen Saintez, mais Hébert a dit que du moment où l'on était prévenu, il n'y avait plus de danger ; qu'on pouvait au Temple garder Marie-Antoinette avec la moitié de précautions qu'il faut pour la garder ici, et de fait, c'est que le Temple est une maison autrement ferme que la Conciergerie.

— Ma foi, dit Gilbert, moi je voudrais qu'on la reconduisît au Temple.

— Je comprends, cela t'ennuie de la garder.

— Non, cela m'attriste.

Maison-Rouge toussa fortement, la lime faisait d'autant plus de bruit qu'elle mordait plus profondément le barreau de fer.

— Et qu'a-t-on décidé? demanda Dufresne quand la quinte du porte-clés fut passée.

— Il a été décidé qu'elle resterait ici, mais que son procès lui serait fait immédiatement.

— Ah! pauvre femme! dit Gilbert.

Dufresne, dont l'oreille était plus fine sans doute que celle de son collègue, ou l'attention moins fortement captivée par le récit de Mardoche, se baissa pour écouter du côté du compartiment de gauche.

Le porte-clés vit le mouvement.

— De sorte que tu comprends, citoyen Dufresne, dit-il vivement, les tentatives des conspirateurs vont devenir d'autant plus désespérées qu'ils sauront avoir moins de temps devant eux pour les exécuter. On va doubler les gardes des prisons, attendu que cela vous regarde, citoyen gendarme, attendu qu'il n'est question de rien de moins que d'une irruption à force armée dans la Conciergerie; les conspirateurs tueraient tout, jusqu'à ce qu'ils pénétrassent jusqu'à la reine, jusqu'à la veuve Capet, veux-je dire.

— Ah bah! comment entreraient-ils, tes conspirateurs?

— Déguisés en patriotes, ils feraient semblant de recommencer un 2 septembre, les gredins, et puis une fois les portes ouvertes, bonsoir.

Il se fit un instant de silence occasionné par la stupeur des gendarmes.

Le porte-clés entendit avec une joie mêlée de terreur la lime qui continuait de grincer. Neuf heures sonnèrent.

En même temps on frappa à la porte du greffe, mais les deux gendarmes, préoccupés ne répondirent point.

— Eh bien ! nous veillerons, nons veillerons, dit Gilbert.

—Et s'il le faut, nous mourrons à notre poste en vrais républicains, ajouta Dufresne.

— Elle doit avoir bientôt achevé, se dit à lui-même le porte-clés en essuyant son front mouillé de sueur.

— Et vous, de votre côté, dit Gilbert, vous veillez, je présume; car on ne vous épargnerait pas plus que nous, si uu évènement comme celui que vous nous annoncez arrivait.

— Je crois bien; dit le porte-clés; je passe les nuits à faire des rondes; aussi je suis sur les dents; vous autres, au moins, vous vous relayez, et vous pouvez dormir de deux nuits l'une.

En ce moment on frappa une seconde fois à la porte du greffe. Mardoche tressaillit; tout évènement, si minime qu'il fût, pouvait empêcher de réussir son projet.

—Qu'est-ce donc? demanda-t-il comme malgré lui.

— Rien, rien, dit Gilbert; c'est le greffier du ministère de la guerre qui s'en va et qui me prévient.

— Ah ! fort bien, dit le porte-clés.

— Mais le greffier s'obstinait à frapper.

— Bon ! bon ! cria Gilbert sans quitter sa fenêtre... Bonsoir !... adieu...

— Il me semble qu'il te parle, dit Dufresne en se retournant du côté de la porte. Réponds-lui donc...

On entendit alors la voix du greffier.

— Viens donc, citoyen gendarme, disait-il ; je voudrais te parler un instant.

Cette voix, toute empreinte qu'elle paraissait être d'un sentiment d'émotion qui lui ôtait son accent habituel, fit dresser l'oreille au porte-clés, qui crut la reconnaître.

— Que veux-tu donc, citoyen Durand? demanda Gilbert.

— Je veux te dire un mot.

— Eh bien! tu me le diras demain.

— Non, ce soir; il faut que je te parle ce soir, reprit la même voix.

— Oh! murmura le porte-clés, que va-t-il donc se passer? c'est la voix de Dixmer.

Sinistre et vibrante, cette voix semblait emprunter quelque chose de funèbre à l'écho lointain du sombre corridor.

Dufresne se retourna.

— Allons, dit Gilbert, puisqu'il le veut absolument, j'y vais.

Et il se dirigea vers la porte.

Le porte-clés profita de ce moment, pendant lequel l'attention des deux gendarmes était absorbée par une circonstance imprévue. Il courut à la fenêtre de la reine.

— Est-ce fait? dit-il.

— Je suis plus qu'à moitié, répondit la reine.

— Oh! mon Dieu! mon Dieu! murmura-t-il; hâtez-vous! hâtez-vous!

— Eh bien, citoyen Mardoche, dit Dufresne; qu'es-tu donc devenu?

— Me voilà, s'écria le porte-clés, en revenant vivement à la fenêtre du premier compartiment.

Au moment même, et comme il allait reprendre sa place, un cri terrible retentit dans la prison, puis une imprécation, puis le bruit d'un sabre qui jaillit du fourreau de métal.

— Ah! scélérat, ah! brigand! cria Gilbert.

Et le bruit d'une lutte se fit entendre dans le corridor.

En même temps la porte s'ouvrit, découvrant aux yeux du guichetier deux ombres se colletant dans le guichet et donnant passage à une femme, qui, repoussant Dufresne, s'élança dans le compartiment de la reine.

Dufresne, sans s'inquiéter de cette

femme, courait au secours de son camarade.

Le guichetier bondit vers l'autre fenêtre; il vit la femme aux genoux de la reine; elle priait, elle suppliait la prisonnière de changer d'habits avec elle.

Il se pencha avec des yeux flamboyants, cherchant à reconnaître cette femme qu'il craignait d'avoir déjà trop bien reconnue. Tout à coup il poussa un cri douloureux.

— Geneviève! Geneviève! s'écria-t-il.

La reine avait laissé tomber la lime et semblait anéantie. C'était encore une tentative avortée.

Le guichetier saisit des deux mains, et

secoua d'un effort suprême le barreau de fer entamé par la lime.

Mais la morsure de l'acier n'était pas assez profonde, le barreau résista.

Pendant ce temps, Dixmer était parvenu à refouler Gilbert dans la prison, et il allait y entrer avec lui, quand Dufresne, pesant sur la porte, parvint à la repousser.

Mais il ne put la fermer. Dixmer, désespéré, avait passé son bras entre la porte et la muraille.

Au bout de ce bras était le poignard, qui, émoussé par la boucle de cuivre du ceinturon, avait glissé le long de la poitrine du gendarme, ouvrant son habit et déchirant les chairs.

Les deux hommes s'encouragaient à
réunir toutes leurs forces, et en même
temps ils appelaient à l'aide.

Dixmer sentit que son bras allait se briser; il appuya son épaule contre la porte, donna une violente secousse, et parvint à retirer son bras meurtri.

La porte se referma avec bruit; Dufresne poussa les verrous, tandis que Gilbert donnait un tour à la clé.

Un pas résonna rapide dans le corridor, puis tout fut fini. Les deux gendarmes se regardèrent et cherchèrent autour d'eux.

Ils entendirent le bruit que faisait le
faux guichetier en essayant de briser le
barreau.

Gilbert se précipita dans la prison de la reine, il trouva Geneviève à ses genoux et la suppliant de changer de costume avec elle.

Dufresne saisit sa carabine et courut à la fenêtre; il vit un homme pendu aux barreaux qu'il secouait avec rage et qu'il essayait vainement d'escalader.

Il le mit en joue.

Le jeune homme vit le canon de la carabine se baisser vers lui.

— Oh! oui, dit-il, tue moi; tue!

Et sublime de désespoir, il élargit sa poitrine pour défier la balle.

— Chevalier, s'écria la reine, chevalier, je vous en supplie; vivez, vivez!

A la voix de Marie-Antoinette, Maison-Rouge tomba à genoux.

Le coup partit : mais ce mouvement le sauva, la balle passa au-dessus de sa tête.

Geneviève crut son ami tué et tomba sans connaissance sur le carreau.

Lorsque la fumée fut dissipée, il n'y avait plus personne dans la cour des femmes.

Dix minutes après, trente soldats, conduits par deux commissaires, fouillaient la Conciergerie dans ses plus inaccessibles retraites.

On ne trouva personne, le greffier

avait passé calme et souriant devant le fauteuil du père Richard.

Quant au guichetier, il était sorti en criant : Alarme, alarme ! le factionnaire avait voulu croiser la baïonnette contre lui, mais ses chiens avaient sauté au cou du factionnaire.

Il n'y eut que Geneviève qui fut arrêtée, interrogée, emprisonnée.

V

Les recherches.

Nous ne pouvons laisser plus longtemps dans l'oubli un des personnages
principaux de cette histoire, celui qui,
pendant que s'accomplissaient les évènements accumulés dans le précédent
chapitre, a souffert le plus de tous, et

dont les souffrances méritaient le plus d'éveiller la sympathie de nos lecteurs.

Il faisait grand soleil dans la rue de la Monnaie, et les commères devisaient sur les portes aussi joyeusement que si depuis dix mois un nuage de sang ne semblait pas s'être arrêté sur la ville, lorsque Maurice revint avec le cabriolet qu'il avait promis d'amener.

Il laissa la bride du cheval aux mains d'un décrotteur du parvis Saint-Eustache, et monta le cœur rempli de joie les marches de son escalier.

C'est un sentiment vivifiant que l'amour : il sait animer des cœurs morts à toute sensation, il peuple les déserts, il suscite aux yeux le fantôme de l'objet aimé, il fait que la voix qui chante dans l'âme de l'amant, lui montre la création tout entière éclairée par le jour lumineux de l'espérance et du bonheur, et comme en même temps que c'est un sentiment expansif, c'est encore un sentiment égoïste, il aveugle celui qui aime pour tout ce qui n'est pas l'objet aimé.

Maurice ne vit pas ces femmes, Maurice n'entendit pas leurs commentaires ; il ne voyait que Geneviève faisant les préparatifs d'un départ qui allait enfin leur donner un bonheur durable; il n'entendait que Geneviève chantonnant distraitement sa petite chanson habituelle, et cette petite chanson bourdonnait si gracieusement à son oreille, qu'il eût juré entendre les différentes modu-

lations de sa voix mêlées au bruit d'une
serrure que l'on ferm e.

Sur le palier, Maurice s'arrêta ; la
porte était entr'ouverte : l'habitude était
qu'elle fût constamment fermée, et cette
circonstance étonna Maurice. Il regarda
tout autour de lui pour voir s'il n'apercevrait pas Geneviève dans le corridor.
Geneviève n'y était pas. Il entra, traversa l'antichambre, la salle à manger,
le salon ; il visita la chambre à coucher.
Antichambre, salle à manger, salon,
chambre à coucher étaient solitaires. Il
appela, personne ne répondit.

L'officieux était sorti, comme on sait ;
Maurice pensa qu'en son absence Geneviève avait eu besoin de quelque corde
pour ficeler ses malles, ou de quelque

provision de voyage pour garnir la voiture, et qu'elle était descendue pour acheter ces objets. L'imprudence lui parut forte, mais quoique l'inquiétude commençât à le gagner, il ne se douta encore de rien.

Maurice attendit donc en se promenant de long en large, et en se penchant de temps en temps hors de la fenêtre, par l'entrebâillement de laquelle passaient des bouffées d'air chargées de pluie.

Bientôt Maurice crut entendre un pas dans l'escalier; il écouta; ce n'était pas celui de Geneviève; il ne courut pas moins jusqu'au palier, se pencha sur la rampe et reconnut l'officieux, qui montait les degrés avec l'insouciance habituelle aux domestiques.

— Scévola ! s'écria-t-il.

L'officieux leva la tête.

— Ah ! c'est vous, citoyen !

— Oui, c'est moi ; mais où est donc la citoyenne ?

— La citoyenne ? demanda Scévola étonné en montant toujours.

— Sans doute. L'as-tu vue en bas ?

— Non.

— Alors redescends. Demande au concierge et informe-toi chez les voisins.

— A l'instant même.

Scévola redescendit.

— Plus vite, donc, plus vite! cria Maurice; ne vois-tu pas que je suis sur des charbons ardents?

Maurice attendit cinq ou six minutes sur l'escalier; puis, ne voyant point Scévola reparaître, il entra dans l'appartement et se pencha de nouvean hors de la fenêtre.

Il vit Scévola entrer dans deux ou trois boutiques et en sortir sans avoir rien appris de nouveau.

Impatienté il l'appela.

L'officieux leva la tête et vit à la fenêtre son maître impatient.

Maurice lui fit signe de remonter.

— C'est impossible qu'elle soit sortie, se dit Maurice. Et il appela de nouveau : Geneviève ! Geneviève !

Tout était mort. La chambre solitaire semblait même n'avoir plus d'écho.

Scévola reparut.

— Eh bien ? demanda Maurice.

— Eh bien ! le concierge est le seul qui l'ait vue.

— Le concierge l'a vue ?

— Oui, mais les voisins n'en ont pas entendu parler.

— Le concierge l'a vue, dis-tu ? Comment cela ?

— Il l'a vue sortir.

— Elle est donc sortie ?

— Il paraît.

— Seule ? Il est impossible que Geneviève soit sortie seule.

— Elle n'était pas seule, citoyen, elle était avec un homme.

— Comment ! avec un homme ?

— A ce que dit le citoyen concierge, du moins.

— Va le chercher, il faut que je sache quel est cet homme.

Scévola fit deux pas vers la porte, puis se retournant :

— Attendez donc, dit-il en paraissant réfléchir.

— Quoi! que veux-tu? parle, tu me fais mourir.

— C'est peut-être avec l'homme qui a couru après moi.

— Un homme a couru après toi?

— Oui.

— Pourquoi faire?

— Pour me demander la clé de votre part.

— Quelle clé, malheureux? mais parle donc, parle donc!

— La clé de l'appartement.

— Tu as donné la clé de l'appartement à un étranger ? s'écria Maurice en saisissant des deux mains l'officieux au collet.

— Mais ce n'était pas à un étranger, Monsieur, puisque c'était à un de vos amis.

— Ah ! oui, à un de mes amis, bon, c'est Lorin, sans doute, c'est cela, elle sera sortie avec Lorin.

Et Maurice souriant dans sa pâleur, passa son mouchoir sur son front mouillé de sueur.

— Non, non, non, Monsieur, ce n'est pas lui, dit Scévola ; pardieu, je connais bien M. Lorin, peut-être.

— Mais qui est-ce donc, alors?

— Vous savez bien, citoyen, c'est cet homme, celui qui est venu un jour...

— Quel jour?

— Le jour où vous étiez si triste, qui vous a emmené et qu'ensuite vous êtes revenu si gai...

Scévola avait remarqué toutes ces choses.

Maurice le regarda d'un air effaré, un frisson courut par tous ses membres, puis après un long silence :

— Dixmer? s'écria-t-il.

— Ma foi, oui, je crois que c'est cela, citoyen, dit l'officieux.

Maurice chancela et alla tomber à reculons sur un fauteuil.

Ses yeux se voilèrent.

— Oh! mon Dieu! murmura-t-il.

Puis, en se rouvrant, ses yeux se portèrent sur le bouquet de violettes oublié, ou plutôt laissé par Geneviève.

Il se précipita dessus, le prit, le baisa; puis remarquant l'endroit où il était déposé:

— Plus de doute, dit-il; ces violettes… c'est son dernier adieu!

Alors Maurice se retourna; et seulement alors il remarqua que la malle était à moitié pleine, que le reste du linge était à terre ou dans l'armoire entr'ouverte.

Sans doute le linge qui était à terre était tombé des mains de Geneviève à l'apparition de Dixmer.

De ce moment il s'expliqua tout. La scène surgit vivante et terrible à ses yeux, entre ces quatre murs, témoins naguère de tant de bonheur.

Jusque-là Maurice était resté abattu, écrasé. Le réveil fut affreux, la colère du jeune homme effrayante.

Il se leva, ferma la fenêtre restée entr'ouverte, prit sur le haut de son secrétaire deux pistolets tout chargés pour le voyage, en examina l'amorce, et voyant que l'amorce était en bon état, il mit les pistolets dans sa poche.

Puis il glissa dans sa bourse deux rouleaux de louis, que malgré son patriotisme il avait jugé prudent de garder au fond d'un tiroir, et prenant à la main son sabre dans le fourreau :

— Scévola, dit-il, tu m'es attaché, je crois ; tu as servi mon père et moi depuis quinze ans.

— Oui, citoyen, reprit l'officieux saisi d'effroi à l'aspect de cette pâleur marbrée et de ce tremblement nerveux que jamais il n'avait remarqué dans son maître, qui passait à bon droit pour le plus intrépide et le plus vigoureux des hommes ; oui, que m'ordonnez-vous ?

— Ecoute! si cette dame qui demeurait ici...

Il s'interrompit; sa voix tremblait si fort en prononçant ces mots qu'il ne put continuer.

— Si elle revient, reprit-il au bout d'un instant, reçois-là; ferme la porte derrière elle; prends cette carabine, place-toi sur l'escalier, et sur ta tête, sur ta vie, sur ton âme, ne laisse entrer personne; si l'on veut forcer la porte, défends-la; frappe! tue! tue! et ne crains rien, Scévola, je prends tout sur moi.

L'accent du jeune homme, sa véhémente confiance électrisèrent Scévola.

— Non-seulement je tuerai, dit-il, mais

encore je me ferai tuer pour la citoyenne Geneviève.

— Merci. Maintenant écoute. Cet appartement m'est odieux, et je ne veux pas remonter ici que je ne l'aie retrouvée. Si elle a pu s'échapper, si elle est revenue, place sur la fenêtre le grand vase du Japon avec les reines-marguerite qu'elle aimait tant. Voilà pour le jour. La nuit, mets une lanterne. Chaque fois que je passerai au bout de la rue je serai informé; tant que je ne verrai ni lanterne ni vase, je continuerai mes recherches.

— Oh! Monsieur; soyez prudent! soyez prudent! s'écria Scévola.

Maurice ne répondit même pas; il s'élança hors de la chambre, descendit l'escalier comme s'il eût eu des aîles, et courut chez Lorin.

Il serait difficile d'exprimer la stupéfaction, la colère, la rage du digne poète lorsqu'il apprit cette nouvelle; autant vaudrait recommencer les touchantes élégies que devait inspirer Oreste à Pilade.

— Ainsi tu ne sais où elle est? ne cessait-il de répéter.

— Perdue, disparue, hurlait Maurice dans un paroxisme de désespoir; il l'a tuée, Lorin, il l'a tuée.

— Eh non, mon cher ami; non, mon bon Maurice, il ne l'a pas tuée, non,

ce n'est pas après tant de jours de ré-
flexion qu'on assassine une femme comme Geneviève ; non, s'il l'avait tuée , il
l'eût tuée sur la place, et il eût en signe
de sa vengeance laissé le corps chez toi.
Non, vois-tu, il s'est enfui avec elle, trop
heureux d'avoir retrouvé son trésor.

— Tu ne le connais pas, Lorin, tu ne
le connais pas, disait Maurice ; cet
homme avait quelque chose de funeste
dans le regard.

— Mais non, tu te trompes ; il m'a toujours fait l'effet d'un brave homme, à
moi. Il l'a prise pour la sacrifier. Il se
fera arrêter avec elle ; on les tuera ensemble. Ah ! voilà où est le danger, disait Lorin.

Et ces paroles redoublaient le délire de Maurice.

— Je la retrouverai! je la retrouverai, on je mourrai! s'écriait-il.

— Oh! quant à cela, il est certain que nons la retrouverons, dit Lorin ; seulement, calme-toi. Voyons, Maurice, mon bon Maurice, crois-moi, on cherche mal quand on ne réfléchit pas ; on réfléchit mal quand on s'agite comme tu fais.

— Adieu, Lorin, adieu !

— Que fais-tu donc ?

— Je m'en vais.

— Tu me quittes ? pourquoi cela ?

— Parce que cela ne regarde que moi seul ; parce que moi seul dois risquer ma vie pour sauver celle de Geneviève.

— Tu veux mourir ?

—J'affronterai tout : je veux aller trouver le président du Comité de surveillance ; je veux parler à Hébert, à Danton, à Robespierre ; j'avouerai tout, mais il faut qu'on me la rende.

— C'est bien, dit Lorin.

Et, sans ajouter un mot, il se leva, ajusta son ceinturon, se coiffa du chapeau d'uniforme, et, comme avait fait Maurice, il prit deux pistolets chargés qu'il mit dans ses poches.

— Partons, ajouta-t-il simplement.

— Mais tu te compromets! s'écria Maurice.

— Eh bien! après?

Il faut, mon cher, quand la pièce est finie,
S'en retourner en bonne compagnie.

— Où allons nous chercher d'abord? dit Maurice.

— Cherchons d'abord dans l'ancien quartier, tu sais? Vieille-Rue-Saint-Jacques; puis guettons le Maison-Rouge; où il sera, sera sans doute Dixmer; puis rapprochons-nous des maisons de la Vieille-Corderie. Tu sais que l'on parle de transférer Antoinette au Temple? Crois-moi, des hommes comme ceux-là ne perdront qu'au dernier moment l'espoir de la sauver.

— Oui, répéta Maurice, en effet, tu as raison... Maison-Rouge , crois-tu donc qu'il soit à Paris ?

— Dixmer y est bien.

—C'est. vrai , c'est vrai , ils se seront réunis, dit Maurice, à qui de vagues lueurs venaient de rendre un peu de raison. Viens !

Alors, et à partir de ce moment, les deux amis se mirent à chercher ; mais ce fut en vain. Paris est grand, et son ombre est épaisse. Jamais gouffre n'a su recéler plus obscurément le secret que le crime ou le malheur lui confie.

Cent fois Lorin et Maurice passèrent sur la place de Grève, cent fois ils effleu-

rèrent la petite maison dans laquelle vivait Geneviève, surveillée sans relâche par Dixmer, comme les prêtres d'autrefois surveillaient la victime destinée au sacrifice.

De son côté, se voyant destinée à périr, Geneviève, comme toutes les âmes généreuses, accepta le sacrifice et voulut mourir sans bruit; d'ailleurs, elle redoutait moins encore pour Dixmer que pour la cause de la reine une publicité que Maurice n'eût pas manqué de donner à sa vengeance.

Elle garda donc un silence aussi profond que si la mort eût déjà fermé sa bouche.

Cependant, sans en rien dire à Lorin, Maurice avait été supplier les membres

du terrible Comité de salut public ; et
Lorin, sans en parler à Maurice, s'était,
de son côté, dévoué aux mêmes démarches.

Aussi, le même jour, une croix rouge
fut tracée par Fouquier-Thinville à côté
de leurs noms, et le mot SUSPECTS les réu-
nit dans une sanglante accolade.

VI

Le Jugement.

Le vingt-troisième jour du mois de
l'an ıı de la République française une et
indivisible, correspondant au 14 octobre
1793, vieux style, comme on disait alors,
une foule curieuse envahissait dès le
matin les tribunes de la salle où se te-

naient les séances révolutionnaires.

Les couloirs du palais, les avenues de la Conciergerie débordaient de spectateurs avides et impatients, qui se transmettaient les uns aux autres les bruits et les passions, comme les flots se transmettent leurs mugissements et leur écume.

Malgré la curiosité avec laquelle chaque spectateur s'agitait, et peut-être même à cause de cette curiosité, chaque flot de cette mer, agité, pressé entre deux barrières, la barrière extérieure qui le poussait, la barrière intérieure qui le repoussait, gardait dans ce flux et ce reflux la même place à peu près qu'il avait prise. Mais aussi les mieux placés avaient compris qu'il fallait qu'ils se fissent pardonner leur bonheur; et ils tendaient à ce but en racontant à leurs voisins, moins bien placés qu'eux, lesquels transmettaient aux autres les paroles primitives, ce qu'ils voyaient et ce qu'ils entendaient,

Mais près de la porte du tribunal, un groupe d'hommes entassés, se disputaient rudement dix lignes d'espace en largeur ou en hauteur; car dix lignes en largeur, c'était assez pour voir entre deux épaules un coin de la salle et la figure des juges; car dix lignes en hauteur, c'était assez pour voir par-dessus une tête toute la salle, et la figure de l'accusée.

Malheureusement ce passage d'un couloir à la salle, ce défilé si étroit,

un homme l'occupait presque entièrement , avec ses larges épaules et
ses bras disposés en arcs-boutants, qui
étayaient toute la foule vacillante et
prête à crouler dans la salle , si le
rempart de chair était venu à lui manquer.

Cet homme inébranlable au seuil du
tribunal, était jeune et beau, et à chaque secousse plus vive que lui impri-
mait la foule, il secouait comme une
crinière son épaisse chevelure , sous
laquelle brillait un regard sombre et
résolu. Puis, lorsque du regard et du
mouvement il avait repoussé la foule,
dont il arrêtait, môle vivant, les opi-
niâtres attaques, il retombait dans son
attentive immobilité.

Cent fois cependant la masse compacte avait essayé de le renverser, car il était de haute taille, et derrière lui toute perspective devenait impossible ; mais, comme nous l'avons dit, un rocher n'eût pas été plus inébranlable que lui.

Cependant de l'autre extrémité de cette mer humaine, au milieu de la foule pressée, un autre homme s'était frayé un passage avec une persévérance qui tenait de la férocité ; rien ne l'avait arrêté dans son infatigable progression, ni les coups de ceux qu'il laissait derrière lui, ni les imprécations de ceux qu'il étouffait en passant, ni les plaintes des femmes, car il y avait beaucoup de femmes dans cette foule.

Aux coups il répondait par des coups,

aux imprécations par un regard devant lequel reculaient les plus braves, aux plaintes par une impassibilité qui ressemblait à du dédain.

Enfin, il arriva derrière le vigoureux jeune homme qui fermait pour ainsi dire l'entrée de la salle. Et au milieu de l'attente générale, car chacun voulait voir comment la chose se passerait entre ces deux rudes antagonistes; et au milieu, disons-nous, de l'attente générale, il essaya de sa méthode qui consistait à introduire entre deux spectateurs ses coudes comme des coins à fendre avec son corps les corps les plus soudés les uns aux autres.

C'était pourtant, celui-là, un jeune homme de petite taille dont le visage pâle et les membres grêles annonçaient une constitution aussi chétive que ses yeux ardents renfermaient de volonté.

Mais à peine son coude eut-il effleuré les flancs du jeune homme placé devant lui, que celui-ci, étonné de l'agression, se retourna vivement et du même mouvement leva un poing qui menaçait, en s'abaissant, d'écraser le téméraire.

Les deux antagonistes se trouvèrent alors face à face, et un petit cri leur échappa en même temps.

Ils venaient de se reconnaître.

— Ah ! citoyen Maurice, dit le frêle jeune homme avec un accent d'inexprimable douleur, laissez-moi passer ; laissez-moi voir ; je vous en supplie ! vous me tuerez après !

Maurice, car c'était effectivement lui, se sentit pénétré d'attendrissement et d'admiration pour cet éternel dévoû- ment pour cette indestructible volonté

— Vous ! murmura-t-il ; vous ici, im- prudent !

— Oui, moi ici ! mais je suis épuisé... Oh ! mon Dieu ! elle parle ! laissez-moi la voir ! laissez-moi l'écouter !

Maurice s'effaça, et le jeune homme passa devant lui. Alors, comme Maurice était à la tête de la foule, rien ne gêna plus la vue de celui qui avait souffert tant de coups et de rebuffades pour ar- river là.

Toute cette scène et les murmures qu'elle occasionna éveillèrent la curiosité des juges.

L'accusée aussi regarda de ce côté ; alors, au premier rang, elle aperçut et reconnut le chevalier.

Quelque chose comme un frisson agita un moment la reine assise dans le fauteuil de fer.

L'interrogatoire dirigé par le président Harmand, interprêté par Fouquier-Thinville, et discuté par Chauveau-Lagarde, défenseur de la reine, dura tant que le permirent les forces des juges et de l'accusée.

Pendant tout ce temps Maurice resta

immobile à sa place, tandis que plusieurs fois déjà les spectateurs s'étaient renouvelés dans la salle et dans les corridors.

Le chevalier avait trouvé un appui contre une colonne, et il était là non moins pâle que le stuc contre lequel il se tenait adossé.

Au jour avait succédé la nuit opaque : quelques bougies allumées sur les tables des jurés : quelques lampes qui fumaient anx parois de la salle, éclairaient d'un sinistre et rouge reflet le noble visage de cette femme, qui avait paru si belle aux splendides lumières des fêtes de Versailles.

Elle était là seule, répondant que lque

brèves et dédaigneuses paroles aux interrogations du président, et se penchant parfois à l'oreille de son défenseur pour lui parler bas.

Son front blanc et poli, n'avait rien perdu de sa fierté ordinaire : elle portait la robe à raies noires que depuis la mort du roi elle n'avait pas voulu quitter.

Les juges quittèrent la salle pour aller aux opinions ; la séance était finie.

— Me suis-je donc montrée trop dédaigneuse, Monsieur? demanda-t-elle à Chauveau-Lagarde.

— Ah! Madame, répondit celui-ci, vous serez toujours bien quand vous serez vous-même.

— Vois donc qu'elle est fière ! s'écria une femme dans l'auditoire, comme si une voix du peuple répondait à la question que la malheureuse reine venait de faire à son avocat.

La reine tourna la tête vers cette femme.

— Eh bien ! oui, répéta la femme, je dis que tu es fière, Antoinette, et que c'est ta fierté qui t'a perdue.

La reine rougit.

Le chevalier se tourna vers la femme qui avait prononcé ces paroles, et répliqua doucement :

— Elle était la reine.

Maurice lui saisit le poignet.

— Allons, lui dit-il tout bas, ayez le courage de ne pas vous perdre.

— Oh ! monsieur Maurice, répliqua le chevalier, vous êtes un homme, et vous savez que vous parlez à un homme. Oh ! dites, dites-moi, est-ce que vous croyez qu'ils puissent la condamner ?

— Je ne le crois pas, dit Maurice, j'en suis sûr.

— Oh ! une femme ! s'écria Maison-Rouge avec un sanglot.

— Non, une reine, répliqua Maurice. C'est vous-même qui venez de le dire.

Le chevalier saisit à son tour le poi-

gnet de Maurice, et avec une force dou
on aurait pu le croire incapable, il le
força de se pencher à son oreille.

Il était trois heures et demie du matin.
De grands vides se laissaient voir parmi
les spectateurs. Quelques lumières s'é-
teignaient çà et là, jetant des parties de
la salle dans l'obscurité.

Une des parties les plus obscures était
celle où se trouvaient le chevalier et
Maurice, écoutant ce qu'il allait lui
dire.

— Pourquoi donc êtes-vous ici, et
qu'y venez-vous faire, demanda le chevalier, vous, Monsieur, qui n'avez pas
un cœur de tigre ?

— Hélas ! dit Maurice, j'y suis pour

savoir ce qu'est devenue une malheureuse femme.

— Oui, oui, dit Maison-Rouge, celle
que son mari a poussée dans le cachot
de la reine, n'est-ce pas, celle qui a été
surprise à mes yeux ?

— Geneviève ?

— Oui, Geneviève.

— Ainsi, Geneviève est prisonnière,
sacrifiée par son mari, tuée par Dixmer.
Oh! je comprends tout, je comprends
tout, maintenant. Chevalier, racontez-
moi ce qui s'est passé, dites-moi où elle
est, dites-moi où je puis la retrouver.
Chevalier, cette femme, c'est ma vie,
entendez-vous ?

— Eh bien je l'ai vue; j'étais là quand elle a été arrêtée. Moi aussi je venais pour faire évader la reine; mais nos deux projets, que nous n'avons pu nous communiquer, se sont nui au lieu de se servir.

— Et vous ne l'avez pas sauvée, au moins, elle, votre sœur, Geneviève?

— Le pouvais-je? une grille de fer me séparait d'elle. Ah! si vous eussiez été là, si vous eussiez pu réunir vos forces aux miennes, le barreau maudit eût cédé, et nous les eussions sauvées toutes deux.

— Geneviève! Geneviève! murmura Maurice.

Puis regardant Maison-Rouge avec une expression indéfinissable de rage :

— Et Dixmer, qu'est-il devenu ? demanda-t-il.

— Je ne sais. Il s'est sauvé de son côté et moi du mien.

— Oh ! dit Maurice, les dents serrées, si je le rejoins jamais...

— Oui, je comprends. Mais rien n'est désespéré encore pour Geneviève, dit Maison-Rouge, tandis qu'ici, tandis que pour la reine... Oh ! tenez, Maurice, vous êtes un homme de cœur, un homme puissant; vous avez des amis... Oh ! je vous en prie, comme on prie Dieu... Maurice, aidez-moi à sauver la reine.

— Y pensez-vous ?

— Maurice, Geneviève vous en supplie
par ma voix.

— Oh! ne prononcez pas ce nom,
Monsieur. Qui sait si, comme Dixmer,
vous n'avez pas sacrifié la pauvre femme ?

— Monsieur, répondit le chevalier
avec fierté, je sais, quand je m'attache à
une cause, ne sacrifier que moi seul.

En ce moment la porte des délibéra-
tions se rouvrit, Maurice allait répondre.

— Silence, Monsieur ! dit le chevalier;
silence ! voici les juges qui rentrent.

Et Maurice sentit trembler la main que

Maison-Rouge, pâle et chancelant, venait de poser sur son bras.

— Oh ! murmura le chevalier ; oh ! le
cœur me manque.

— Du courage et contenez-vous, ou
vous êtes perdu, dit Maurice.

Le tribunal rentrait, en effet, et la
nouvelle de sa rentrée se répandit dans
les corridors et les galeries.

La foule se rua de nouveau dans la
salle, et les lumières parurent se ranimer
d'elles-mêmes pour ce moment décisif
et solennel.

On venait de ramener la reine ; elle se
tenait droite, immobile, hautaine, les
yeux fixes et les lèvres serrées.

. On lui lut l'arrêt qui la condamnait à la peine de mort.

Elle écouta, sans pâlir, sans sourciller, sans qu'un muscle de son visage indiquât l'apparence de l'émotion.

Puis elle se retourna vers le chevalier, lui adressa un long et éloquent regard, comme pour remercier cet homme qu'elle n'avait jamais vu que comme la statue vivante du dévoûment; et s'appuyant sur le bras de l'officier de gendarmerie qui commandait la force armée, elle sortit calme et digne du tribunal.

Maurice poussa un long soupir.

— Dieu merci! dit-il, rien dans sa déclaration n'a compromis Geneviève, et il y a encore de l'espoir.

— Dieu merci! murmura de son côté le chevalier de Maison-Rouge ; tout est fini et la lutte est terminée. Je n'avais pas de force pour aller plus loin.

— Du courage, Monsieur, dit tout bas Maurice.

— J'en aurai, Monsieur, répondit le chevalier.

Et tous deux, après s'être serré la main, s'éloignèrent par deux issues différentes.

La reine fut reconduite à la Conciergerie : quatre heures sonnaient à la grande horloge comme elle y rentrait.

Au débouché du pont Neuf, Maurice fut arrêté par les deux bras de Lorin.

— Halte-là, dit-il, on ne passe pas.

— Pourquoi cela ?

— Où vas-tu, d'abord ?

— Je vais chez moi. Justement, je puis rentrer maintenant, je sais ce qu'elle est devenue.

— Tant mieux ; mais tu ne rentreras pas.

— La raison ?

— La raison, la voici : il y a deux heures les gendarmes sont venus pour t'arrêter.

— Ah ! s'écria Maurice. Eh bien ! raison de plus.

— Es-tu fou ? et Geneviève ?

— C'est vrai. Et où allons-nous ?

— Chez moi, pardieu.

— Mais je te perds.

— Raison de plus ; allons, arrive.

Et il l'entraîna.

VII

Prêtre et Bourreau.

En sortant du tribunal, la reine avait été ramenée à la Conciergerie.

Arrivée dans sa chambre, elle avait pris des ciseaux, avait coupé ses longs et beaux cheveux, devenus plus beaux de l'absence de la poudre, abolie depuis un an ; elle les avait enfermés dans un papier, puis elle avait écrit sur le papier : *A partager entre mon fils et ma fille.*

Alors, elle s'était assise, ou plutôt elle était tombée sur une chaise, et brisée de fatigue ; l'interrogatoire avait duré dix-huit heures ; elle s'était endormie.

A sept heures, le bruit du paravent que l'on dérangeait la réveilla en sursaut ; elle se retourna et vit un homme qui lui était complètement inconnu.

— Que me veut-on ? demanda-t-elle.

L'homme s'approcha d'elle, et la saluant aussi poliment que si elle n'eût pas été reine :

— Je m'appelle Sanson, dit-il.

La reine frissonna légèrement et se leva. Ce nom seul en disait plus qu'un long discours.

— Vous venez de bien bonne heure, Monsieur, dit-elle, ne pourriez-vous pas retardez un peu.

—Non, Madame, répliqua Sanson, j'ai ordre de venir.

Ces paroles dites, il fit encore un pas vers la reine.

Tout dans cet homme, et dans ce moment, était expressif et terrible.

— Ah! je comprends, fit la prison-

nière, vous voulez me couper les cheveux?

— C'est nécessaire, Madame, répondit
l'exécuteur.

— Je le savais, Monsieur, dit la reine,
et j'ai voulu vous épargner cette peine.
Mes cheveux sont là, sur cette table.

Sanson suivit la direction de la main
de la reine.

— Seulement, continua-t-elle, je voudrais qu'ils fussent remis ce soir à mes
enfants.

— Madame, dit Sanson, ce soin ne me
regarde pas.

— Cependant, j'avais cru...

— Je n'ai à moi, reprit l'exécuteur, que la dépouille des... personnes... leurs habits, leurs bijoux , et encore lorsqu'elles me les donnent formellement, autrement tout cela va à la Salpêtrière, et appartient aux pauvres des hôpitaux ; un arrêté du Comité de salut public a réglé les choses ainsi.

— Mais enfin, Monsieur, demanda en insistant Marie-Antoinette, puis-je compter que mes cheveux seront remis à mes enfants ?

Sanson resta muet.

— Je me charge de l'essayer, dit Gilbert.

La prisonnière jeta au gendarme un regard d'ineffable reconnaissance.

— Maintenant, dit Sanson, je venais pour vous couper les cheveux, mais puisque cette besogne est faite, je puis, si vous le désirez, vous laisser un instant seule.

— Je vous en prie, Monsieur, dit la reine, car j'ai besoin de me recueillir et de prier.

Sanson s'inclina et sortit.

Alors la reine se trouva seule, car Gilbert n'avait fait que passer la tête pour prononcer les paroles que nous avons dites.

Tandis que la condamnée s'agenouillait sur une chaise plus basse que les autres et qui lui servait de prie-Dieu, une scène non moins terrible que celle que nous venons de raconter se passait dans le presbytère de la petite église Saint-Landry dans la Cité.

Le curé de cette paroisse venait de se lever, sa vieille gouvernante dressait son modeste déjeuner, quand tout à coup on heurta violemment à la porte du presbytère.

Même chez un prêtre de nos jours, une visite imprévue annonce toujours un évènement : il s'agit d'un baptème, d'un mariage *in extremis*, ou d'une confession suprême ; mais à cette époque la visite d'un étranger pouvait annoncer quelque chose de plus grave encore. A cette époque, en effet, le prêtre n'était plus le

mandataire de Dieu, et il devait rendre
ses comptes aux hommes.

Cependant l'abbé Girard était du nom-
bre de ceux qui devaient le moins craindre, car il avait prêté serment à la Constitution : en lui la conscience et la probité avaient parlé plus haut que l'amour-
propre et l'esprit religieux. Sans doute
l'abbé Girard admettait la possibilité d'un
progrès dans le gouvernement et regret-
tait tant d'abus commis au nom du pouvoir divin ; il avait, tout en gardant son
Dieu, accepté la fraternité du régime républicain.

— Allez voir, dame Jacinthe, dit-il ;
allez voir qui vient heurter à notre porte
de si bon matin, et si ce n'était point par
hasard un service bien pressé qu'on vient

me demander, dites que j'ai été mandé ce matin à la Conciergerie, et que je suis forcé de m'y rendre dans un instant.

Dame Jacinthe s'appelait autrefois dame Madeleine ; mais elle avait accepté un nom de fleur en échange de son nom, comme l'abbé Girard avait accepté le titre de citoyen en place de celui de curé.

Sur l'invitation de son maître, dame Jacinthe se hâta de descendre par les degrés du petit jardin sur lequel ouvrait la porte d'entrée : elle tira les verrous, et un jeune homme fort pâle, fort agité, mais d'une douce et honnête physionomie se présenta.

— Monsieur l'abbé Girard ? dit-il.

Jacinthe examina les habits en désordre, la barbe longue et le tremblement nerveux du nouveau-venu ; tout cela lui sembla de fort mauvais augure.

—Citoyen, dit-elle, il n'y a point ici de monsieur ni d'abbé.

— Pardon, Madame, reprit le jeune homme, je veux dire le desservant de Saint-Landry.

Jacinthe, malgré son patriotisme, fut frappée de ce mot madame, qu'on n'eût point adressé à une impératrice ; cependant elle répondit :

— On ne peut le voir, citoyen ; il dit son bréviaire.

— En ce cas, j'attendrai, répliqua le jeune homme.

— Mais, reprit dame Jacinthe à qui cette persistance redonnait les mauvaises idées qu'elle avait ressenties tout d'abòrd, vous attendrez inutilement, citoyen, car il est appelé à la Conciergerie et va partir à l'instant même.

Le jeune homme pâlit affreusement, ou plutôt de pâle qu'il était devint livide.

— C'est donc vrai ! murmura-t-il.

Puis, tout haut :

— Voilà justement, Madame, dit-il, le sujet qui m'amène près du citoyen Girard.

Et malgré la vieille, tout en parlant il était entré, avait doucement, il est vrai, mais avec fermeté, poussé les verrous de la porte, et malgré les instances et même les menaces de dame Jacinthe, il était entré dans la maison et avait pénétré jusqu'à la chambre de l'abbé.

Celui-ci, en l'apercevant, poussa une exclamation de surprise.

— Pardon, Monsieur le curé, dit aussitôt le jeune homme, j'ai à vous entretenir d'une chose très grave; permettez que nous soyons seuls.

Le vieux prêtre savait par expérience comment s'expriment les grandes douleurs. Il lut une passion tout entière sur la figure bouleversée du jeune homme, une émotion suprême dans sa voix fiévreuse.

— Laissez-nous, dame Jacinthe, dit-il.

Le jeune homme suivit des yeux avec impatience la gouvernante qui, habituée à participer aux secrets de son maître, hésitait à se retirer ; puis, lorsque enfin elle eut refermé la porte :

— Monsieur le curé, dit l'inconnu, vous allez me demander tout d'abord qui je suis. Je vais vous le dire : Je suis un homme proscrit ; je suis un homme condamné à mort, qui ne vis qu'à force d'audace ; je suis le chevalier de Maison-Rouge.

L'abbé fit un soubresaut d'effroi sur son grand fauteuil.

— Oh ! ne craignez rien, reprit le chevalier ; nul ne m'a vu entrer ici, et ceux mêmes qui m'auraient vu ne me reconnaîtraient pas ; j'ai beaucoup changé depuis deux mois.

—Mais enfin, que voulez-vous, citoyen ? demanda le curé.

— Vous allez ce matin à la Conciergerie, n'est-ce pas ?

— Oui, j'y suis mandé par le concierge.

— Savez-vous pourquoi ?

— Pour quelque malade, pour quelque moribond, pour quelque condamné, peut-être.

— Vous l'avez dit : oui, une personne condamnée vous attend.

Le vieux prêtre regarda le chevalier avec étonnement.

— Mais savez-vous quelle est cette personne ? reprit Maison-Rouge.

— Non... je ne sais.

— Eh bien ! cette personne, c'est la reine !

L'abbé poussa un cri de douleur.

— La reine ! Oh mon Dieu !

— Oui, Monsieur, la reine ! Je me suis informé pour savoir quel était le prêtre qu'on devait lui donner. J'ai appris que c'était vous, et j'accours.

— Que voulez-vous de moi ? demanda le prêtre, effrayé de l'accent fébrile du chevalier.

—Je veux... je ne veux pas, Monsieur. Je viens vous implorer, vous prier, vous supplier.

— De quoi donc ?

— De me faire entrer avec vous près de Sa Majesté.

— Oh! mais vous êtes fou! s'écria l'abbé, mais vous me perdez, mais vous vous perdez vous-même !

— Ne craignez rien.

— La pauvre femme est condamnée et c'en est fait d'elle.

—Je le sais, ce n'est pas pour tenter de la sauver que je veux la voir, c'est...., mais, écoutez-moi, mon père ! vous ne m'écoutez pas.

—Je ne vous écoute pas, parce que vous me demandez une chose impossible; je ne vous écoute pas, parce que vous agissez comme un homme en démence, dit le vieillard; je ne vous écoute pas, parce que vous m'épouvantez.

—Mon père, rassurez-vous, dit le jeune homme en essayant de se calmer lui-même : mon père, croyez-moi, j'ai toute ma raison. La reine est perdue, je le sais; mais que je puisse me prosterner à ses genoux, une seconde seulement, et cela me sauvera la vie ; si je ne la vois pas, je me tue, et comme vous serez la cause de mon désespoir, vous aurez tué à la fois le corps et l'âme.

—Mon fils, mon fils, dit le prêtre, vous me demandez le sacrifice de ma vie, songez-y ; tout vieux que je suis, mon existence est encore nécessaire à bien des malheureux ; tout vieux que je suis, aller moi-même au-devant de la mort, c'est commettre un suicide.

— Ne me refusez pas, mon père, répliqua le chevalier ; écoutez, il vous faut un desservant, un acolyte, prenez-moi, emmenez-moi avec vous.

Le prêtre essaya de rappeler sa fermeté qui commençait à fléchir.

— Non, dit-il, non, ce serait manquer à mes devoirs ; j'ai juré la constitution, je l'ai jurée du fond du cœur, en mon âme et conscience. La pauvre femme condamnée est une reine coupable ; j'accepterais de mourir si ma mort pouvait être utile à mon prochain, mais je ne veux pas manquer à mon devoir.

— Mais, s'écria le chevalier, quand je vous dis, quand je vous répète, quand je vous jure que je ne veux pas sauver la reine ; tenez, sur cet évangile , tenez,

sur ce crucifix, je jure que je ne vais pas
à la Conciergerie pour l'empêcher de
mourir.

— Alors, que voulez-vous donc? demanda le vieillard ému par cet accent du
désespoir que l'on n'imite point.

— Écoutez, dit le chevalier, dont l'âme
semblait venir chercher un passage sur
ses lèvres, elle fut ma bienfaitrice, elle a
pour moi quelque attachement ; me voir
à sa dernière heure sera, j'en suis sûr,
une consolation pour elle.

— C'est tout ce que vous voulez? demanda le prêtre ébranlé par cet accent
irrésistible.

— Absolument tout.

— Vous ne tramez aucun complot pour essayer de délivrer la condamnée ?

— Aucun. Je suis chrétien, mon père, et s'il y a dans mon cœur une ombre de mensonge, si j'espère qu'elle vivra, si j'y travaille en quoi que ce soit, que Dieu me punisse par une damnation éternelle.

—Non ! non ! je ne puis vous rien promettre, dit le curé, à l'esprit de qui revenaient les dangers si grands et si nombreux d'une semblable imprudence.

— Écoutez, mon père, dit le chevalier avec l'accent d'une profonde douleur, je vous ai parlé en fils soumis; je ne vous ai entretenu que de sentiments chrétiens et charitables; pas une amère parole, pas une menace n'est sortie de ma bouche, et cependant ma tête fermente, cependant la fièvre brûle mon sang, cependant le désespoir me ronge le cœur, cependant je suis armé ; voyez, j'ai un poignard.

Et le jeune homme tira de sa poitrine une lame brillante et fine qui jeta un reflet livide sur sa main tremblante.

Le curé s'éloigna vivement.

— Ne craignez rien, dit le chevalier avec un triste sourire ; d'autres, vous sachant si fidèle observateur de votre parole, eussent arraché un serment à votre frayeur. Non, je vous ai supplié et je vous supplie encore, les mains jointes, le front sur le carreau, faites que je la voie un seul moment; et tenez, voici pour votre garantie.

Et il tira de sa poche un billet qu'il présenta à Girard; l'abbé le déplia et lut ces mots :

« Moi, René, chevalier de Maison-Rouge, déclare sur Dieu et mon honneur, que j'ai par menace de mort contraint le digne curé de Saint-Landry à m'emmener à la Conciergerie malgré ses refus et ses vives répugnances. En foi de quoi, j'ai signé,

« MAISON-ROUGE. »

— C'est bien, dit le prêtre, mais jurez-moi encore que vous ne ferez pas d'imprudence; ce n'est point assez que ma vie soit sauve, je réponds aussi de la vôtre.

— Oh! ne songeons pas à cela, dit le chevalier ; vous consentez ?

— Il le faut bien, puisque vous le voulez absolument. Vous m'attendrez en bas, et lorsqu'elle passera dans le greffe, alors vous la verrez...

Le chevalier saisit la main du vieillard et la baisa avec autant de respect et d'ardeur qu'il eût baisé le crucifix.

— Oh! murmura le chevalier, elle mourra du moins comme une reine, et la main du bourreau ne la touchera point !

VIII

La Charrette.

Aussitôt après qu'il eût obtenu cette permission du curé de Saint-Landry, Maison-Rouge s'élança dans un cabinet entr'ouvert qu'il avait reconnu pour le cabinet de toilette de l'abbé.

Là, en un tour de main, sa barbe et

ses moustaches tombèrent sous le ra-
soir, et ce fut alors seulement que lui-
même put voir sa pâleur ; elle était effrayante.

Il rentra calme en apparence ; il semblait d'ailleurs avoir complètement oublié que malgré la chute de sa barbe et
de ses moustaches, il pouvait être reconnu à la Conciergerie.

Il suivit l'abbé, que pendant sa retraite d'un instant deux factionnaires
étaient venus chercher, et avec cette audace qui éloigne tout soupçon, avec ce
gonflement de la fièvre qui défigure, il
entra par la grille donnant à cette époque dans la cour du Palais.

Il était, comme l'abbé Girard, vêtu

d'un habit noir, les habits sacerdotaux étant abolis.

Dans le greffe, ils trouvèrent plus de cinquante personnes, soit employés à la prison, soit députés, soit commissaires, se préparant à voir passer la reine, soit en mandataires, soit en curieux.

Son cœur battit si violemment quand il se trouva en face du guichet, qu'il n'entendit plus les pourparlers de l'abbé avec les gendarmes et le concierge.

Seulement un homme qui tenait à la main des ciseaux et un morceau d'étoffe fraîchement coupée, heurta Maison-Rouge sur le seuil.

Maison-Rouge se retourna et reconnut l'exécuteur.

— Que veux-tu, citoyen? demanda Sanson.

Le chevalier essaya de réprimer le frisson qui malgré lui courait dans ses veines.

— Moi! dit-il, tu le vois bien, citoyen Sanson, j'accompagne le curé de Saint-Landry.

— Ah! bien, répliqua l'exécuteur.

Et il se rangea de côté, donnant des ordres à son aide.

Pendant ce temps Maison-Rouge pénétra dans l'intérieur du greffe, puis du greffe il passa dans le compartiment où se tenaient les deux gendarmes.

Ces braves gens étaient consternés ; aussi digne et fière qu'elle avait été avec les autres, aussi bonne et douce avait-elle été avec eux : ils semblaient plutôt ses serviteurs que ses gardiens.

Mais, d'où il était, le chevalier ne pouvait apercevoir la reine : le paravent était fermé.

Le paravent s'était ouvert pour donner passage au curé, mais il s'était refermé derrière lui.

Lorsque le chevalier entra, la conversation était déjàengagée.

— Monsieur, disait la reine de sa voix stridente et fière, puisque vous avez fait serment à la République, au nom de qui on me met à mort, je ne saurais avoir confiance en vous. Nous n'adorons plus le même Dieu !

— Madame, répondit Girard fort ému de cette dédaigneuse profession de foi, une chrétienne qui va mourir, doit mourir sans haine dans le cœur, et elle ne doit pas repousser son Dieu, sous quelque forme qu'il se présente à elle.

Maison-Rouge fit un pas pour entr'ouvrir le paravent, espérant que lorsqu'elle l'apercevrait, que lorsqu'elle saurait la cause qui l'amenait, elle changerait d'avis à l'endroit du curé ; mais les deux gendarmes firent un mouvement.

— Mais, dit Maison-Rouge, puisque je suis l'acolyte du curé.

— Puisqu'elle refuse le curé, répondit Dufresne, elle n'a pas besoin de son acolyte.

— Mais elle acceptera peut-être, dit le chevalier en haussant la voix, il est impossible qu'elle n'accepte pas.

Mais Marie-Antoinette était trop entièrement au sentiment qui l'agitait pour entendre et pour reconnaître la voix du chevalier.

— Allez, Monsieur, continua-t-elle, s'adressant toujours à Girard, allez, et laissez-moi ; puisque nous vivons à cette heure en France sous un régime de liberté, je réclame celle de mourir à ma fantaisie.

Girard essaya de résister.

— Laissez-moi, Monsieur, dit-elle, je vous dis de me laisser.

Girard essaya d'ajouter un mot.

— Je le veux, dit la reine avec un geste de Marie-Thérèse.

Girard sortit.

Maison-Rouge essaya de plonger son regard dans l'intervalle du paravent, mais la prisonnière tournait le dos.

L'aide de l'exécuteur croisa le curé ;
il entrait tenant des cordes à la main.

Les deux gendarmes repoussèrent le
chevalier jusqu'à la porte, avant qu'é-
bloui, désespéré, étourdi, il eût pu arti-
culer un cri ou faire un mouvement pour
accomplir son dessein.

Il se retrouva donc avec Girard dans
le corridor du guichet. Du corridor, on
les refoula jusqu'au greffe où la nouvelle
du refus de la reine s'était déjà répandue,
et où la fierté autrichienne de Marie-
Antoinette était pour quelques-uns le
texte de grossières invectives, et pour
d'autres un sujet de secrète admiration.

— Allez, dit Richard à l'abbé, retournez chez vous, puisqu'elle vous chasse, et qu'elle meure comme elle voudra.

— Tiens, dit la femme Richard, elle a raison, et je ferais comme elle.

— Et vous auriez tort, citoyenne, dit l'abbé.

— Tais-toi, femme, murmura le concierge en faisant les gros yeux, est-ce que cela te regarde? allez, l'abbé, allez.

— Non, répéta Girard, non, je l'accompagnerai malgré elle, un mot, ne fût-ce qu'un mot, si elle l'entend, lui rappellera ses devoirs; d'ailleurs, la Commune m'a donné mission..... et je dois obéir à la Commune.

— Soit, mais renvoie ton sacristain, alors, dit brutalement l'adjudant-major, commandant la force armée.

C'était un ancien acteur de la Comédie-Française, nommé Grammont.

Les yeux du chevalier lancèrent un double éclair, et il plongea machinalement sa main dans sa poitrine.

Girard savait que sous son gilet il y avait un poignard. Il l'arrêta d'un regard suppliant.

— Epargnez ma vie, dit-il tout bas, vous voyez que tout est perdu pour vous, ne nous perdez pas avec elle ; je lui parlerai de vous en route, je vous le jure ;

je lui dirai ce que vous avez risqué pour
la voir une dernière fois.

Ces mots calmèrent l'effervescence du
jeune homme; d'ailleurs, la réaction
ordinaire s'opérait, toute son organisa-
tion subissait un affaissement étrange.
Cet homme, d'une volonté héroïque,
d'une puissance merveilleuse, était arrivé au bout de sa force et de sa volonté;
il flottait irrésolu, ou plutôt fatigué,
vaincu, dans une espèce de somnolence
qu'on eût prise pour l'avant-courrière de
la mort.

— Oui, dit-il, ce devait être ainsi: la
croix pour Jésus, l'échafaud pour elle;
les dieux et les rois boivent jusqu'à la lie
le calice que leur présentent les hommes.

Il résulta de cette pensée toute résignée, tout inerte, que le jeune homme se laissa repousser, sans autre défense qu'une espèce de gémissement involontaire, jusqu'à la porte extérieure, et sans faire plus de résistance que n'en faisait Ophélia, dévouée à la mort, lorsqu'elle se voyait emportée par les flots.

Au pied des grilles et aux portes de la Conciergerie, se pressait une de ces foules effrayantes, comme nul ne peut se les figurer sans les avoir vues au moins une fois.

L'impatience dominait toutes les passions, et toutes les passions parlaient haut leur langage, qui, en se confondant, formait une rumeur immense et prolongée, comme si tout le bruit et toute la population de Paris, s'étaient concentrés dans le quartier du Palais-de-Justice.

Au devant de cette foule campait une armée tout entière, avec des canons destinés à protéger la fête et à la rendre sûre à ceux qui venaient en jouir.

On eût en vain essayé de percer ce rempart profond, grossi peu à peu, depuis que la condamnation était connue hors de Paris par les patriotes des faubourgs.

Maison-Rouge, repoussé hors de la Conciergerie, se trouva naturellement au premier rang des soldats.

Les soldats lui demandèrent qui il était.

Il répondit qu'il était le vicaire de l'abbé Girard ; mais, qu'assermenté comme son curé, il avait, comme son curé, été refusé par la reine.

Les soldats le repoussèrent à leur tour, jusqu'au premier rang des spectateurs.

Là, force lui fut de répéter ce qu'il avait dit aux soldats.

Alors, ce cri s'éleva :

— Il l'a quitte... Il la vue... Qu'a-t-elle dit ?... Que fait-elle ?... Est-elle fière

toujours ?... Est-elle abattue ?... Pleure-
t-elle ?...

Le chevalier répondit à toutes ces
questions d'une voix à la fois faible,
douce et affable, comme si cette voix
était la dernière manifestation de la vie
suspendue à ses lèvres.

Sa réponse était la vérité pure et
simple, seulement cette vérité était un
éloge de la fermeté d'Antoinette, et ce
qu'il dît avec la simplicité et la foi d'un
évangéliste, jeta le trouble et le remords
dans plus d'un cœur.

Lorsqu'il parla du petit dauphin et de
Madame royale, de cette reine sans trône, de cette épouse sans époux, de cette
mère sans enfants, de cette femme enfin

seule et abandonnée, sans un ami au
milieu des bourreaux, plus d'un front,
çà et là, se voila de tristesse, plus d'une
larme apparut, furtive et brûlante, en
des yeux naguère animés de haine.

Onze heures sonnèrent à l'horloge du
Palais, toute rumeur cessa à l'instant
même. Cent mille personnes comptaient
l'heure qui sonnait et à laquelle répon-
daient les battements de leur cœur.

Puis la vibration de la dernière heure
éteinte dans l'espace, il se fit un grand
bruit derrière les portes, en même temps
qu'une charrette venant du côté du quai
aux Fleurs fendait la foule du peuple,
puis les gardes, et venait se placer au
bas des degrés.

Bientôt la reine apparut au haut de l'immense perron. Toutes les passions se concentrèrent dans les yeux ; les respirations demeurèrent haletantes et suspendues.

Ses cheveux étaient coupés courts ; la plupart avaient blanchi pendant sa captivité, et cette nuance argentée rendait plus délicate encore la pâleur nacrée qui faisait presque céleste en ce moment suprême la beauté de la fille des Césars.

Elle était vêtue d'une robe blanche, et ses mains étaient liées derrière son dos.

Lorsqu'elle se montra en haut des marches, ayant à sa droite l'abbé Girard qui l'accompagnait malgré elle, et à sa gauche l'exécuteur, tous deux vêtus de noir, ce fut dans toute cette foule un murmure que Dieu seul, que Dieu seul qui lit au fond des cœurs, put comprendre et résumer dans une vérité.

Un homme alors passa entre l'exécuteur et Marie-Antoinette.

C'était Grammont. Il passait ainsi pour lui montrer l'ignoble charette.

La reine recula malgré elle d'un pas.

— Montez, dit Grammont.

Tout le monde entendit ce mot, car l'émotion tenait tout murmure suspendu aux lèvres des spectateurs.

Alors on vit le sang monter aux joues de la reine et gagner la racine de ses cheveux, puis presque aussitôt son visage redevint d'une pâleur mortelle.

Ses lèvres blémissantes s'entr'ouvrirent.

— Pourquoi une charrette à moi, dit-elle, quand le roi a été l'échafaud dans sa voiture ?

L'abbé Girard lui dit alors tout bas quelques mots. Sans doute il combattait chez la condamnée ce dernier cri de l'orgueil royal.

La reine se tut et chancela.

Sanson avança les deux bras pour la

soutenir ; mais elle se redressa avant même qu'il ne l'eût touchée.

Elle descendit les escaliers, tandis que l'aide affermissait un marche-pied de bois derrière la charrette.

La reine y monta, l'abbé monta derrière elle.

Sanson les fit asseoir tous deux.

Lorsque la charrette commença à s'ébranler, il se fit un grand mouvement dans le peuple ! Mais en même temps, comme les soldats ignoraient dans quelle intention était accompli le mouvement, ils réunirent tous leurs efforts pour repousser la foule ; il se fit en conséquence

un grand espace vide entre la charrette
et les premiers rangs.

Dans cet espace retentit un hurlement
lugubre.

La reine tressaillit et se leva tout debout, regardant autour d'elle.

Elle vit alors son chien, perdu depuis
deux mois; son chien, qui n'avait pu pénétrer avec elle dans la Conciergerie, qui,
malgré les cris, les coups, les bourrades,
s'élançait vers la charrette ; mais presque aussitôt le pauvre Black, exténué,
maigre, brisé, disparut sous les pieds
des chevaux.

La reine le suivit des yeux; elle ne pouvait parler, car sa voix était couverte par

le bruit; elle ne pouvait le montrer du doigt, car ses mains étaient liées; d'ailleurs, eût-elle pu le montrer, eût-on pu l'entendre, elle l'eût sans doute demandé inutilement.

Mais après l'avoir perdu un instant des yeux, elle le revit.

Il était au bras d'un pâle jeune homme qui dominait la foule, debout sur un canon, et qui, grandi par une exaltation indicible, la saluait en lui montrant le ciel.

Marie-Antoinette aussi regarda le ciel et sourit doucement.

Le chevalier de Maison-Rouge poussa un gémissement, comme si ce sourire lui avait fait une blessure au cœur, et comme la charrette tournait vers le Pont-au-Change, il retomba dans la foule et disparut.

IX

L'échafaud.

Sur la place de la Révolution, adossés à un reverbère, deux hommes attendaient.

Ce qu'ils attendaient avec la foule, dont une partie s'était portée à la place du Palais, dont une autre partie s'était portée à la place de la Révolution, dont le reste s'était répandu, tumultueuse et pressée, sur tout le chemin qui séparait ces deux places, c'est que la reine arrivât jusqu'à l'instrument du supplice, qui, usé par la pluie et le soleil, usé par la main du bourreau, usé, chose horrible ! par le contact des victimes, dominait avec une fierté sinistre toutes ces têtes subjacentes, comme une reine domine son peuple.

Ces deux hommes, aux bras entrelacés, aux lèvres pâles, aux sourcils froncés, parlant bas et par saccades, c'étaient Lorin et Maurice.

Perdus parmi les spectateurs, et cependant de manière à faire envie à tous, ils continuaient à voix basse une conversation qui n'était pas la moins intéressante de toutes ces conversations qui serpentaient dans les groupes, qui, pareils à une chaîne électrique, s'agitaient, mer vivante, depuis le Pont-au-Change jusqu'au pont de la Révolution.

L'idée que nous avons exprimée à propos de l'échafaud dominant toutes les têtes, les avait frappés tous deux.

— Vois, disait Maurice, comme le monstre hideux lève ses bras rouges; ne dirait-on pas qu'il nous appelle et qu'il sourit par son guichet comme par une bouche effroyable!

— Ah! ma foi, dit Lorin, je ne suis pas, je l'avoue, de cette école de poésie qui voit tout en rouge. Je les vois en rose, moi, et au pied de cette hideuse machine, je chanterais et j'espérerais encore. *Dùm spiro spero*

— Tu espères quand on tue les femmes!

— Ah! Maurice, dit Lorin, fils de la révolution ne renie pas ta mère. Ah! Maurice, demeure un bon et loyal patriote. Maurice, celle qui va mourir, ce n'est pas une femme, ce n'est pas une femme comme les autres femmes; celle qui va mourir, c'est le mauvais génie de la France.

— Oh! ce n'est pas elle que je regrette; ce n'est pas elle que je pleure! s'écria Maurice.

— Oui, je comprends, c'est Geneviève.

— Ah! dit Maurice, vois-tu, il y a une
pensée qui me rend fou: c'est que Geneviève est aux mains de ces pourvoyeurs
de guillotine qu'on appelle Hébert et
Fouquier-Thinville; aux mains des hommes qui ont envoyé ici la pauvre Héloïse
et qui y envoient la fière Marie-Antoinette.

— Eh bien! dit Lorin, voilà justement
ce qui fait que j'espère, moi; quand la
colère du peuple aura fait ce large repas
de deux tyrans, elle sera rassasiée, pour
quelque temps du moins, comme le boa,
qui met trois mois à digérer ce qu'il dé-
vore. Alors elle n'engloutira plus personne, et comme disent les prophètes

du faubourg, alors les plus petits morceaux lui feront peur.

— Lorin, Lorin, dit Maurice, moi je
suis plus positif que toi, et je te le dis
tout bas, prêt à te le répéter tout haut :
Lorin, je hais la reine nouvelle, celle qui
me paraît destinée à succéder à l'Autrichienne qu'elle va détruire. C'est une
triste reine que celle dont la pourpre est
faite d'un sang quotidien, et qui a Sanson pour premier ministre.

— Bah! nous lui échapperons.

— Je n'en crois rien, dit Maurice en secouant la tête; tu vois que pour n'être pas
arrêtés chez nous, nous n'avons d'autre
rassource que de demeurer dans la rue.

— Bah! nous pouvons quitter Paris, rien ne nous en empêche. Ne nous plaignons donc pas. Mon oncle nous attend à Saint-Omer; argent, passeport, rien ne nous manque. Et ce n'est pas un gendarme qui nous arrêterait; qu'en pense s tu? Nous restons parce nous le voulons bien.

— Non, ce que tu dis là n'est pas juste, excellent ami, cœur dévoué que tu es, Tu restes parce que je veux rester.

— Et tu veux rester pour retrouver Geneviève. Eh bien! quoi de plus simple, de plus juste et de plus naturel? Tu penses qu'elle est en prison, c'est plus que probable. Tu veux veiller sur elle, et pour cela il ne faut pas quitter Paris.

Maurice poussa un soupir, il était évident que sa pensée divergeait.

— Te rappelles-tu la mort de Louis XVI? dit-il. Je me vois encore pâle d'émotion et d'orgueil. J'étais un des chefs de cette foule dans les plis de laquelle je me cache aujourd'hui. J'étais plus grand au pied de cet échafaud que ne l'avait jamais été le roi qui montait dessus. Quel changement! Lorin, et lorsqu'on pense que neuf mois ont suffi pour amener cette terrible réaction !

— Neuf mois d'amour, Maurice!... Amour, tu perdis Troie !

Maurice soupira; sa pensée vagabonde prenait une autre route et envisageait un autre horizon.

— Ce pauvre Maison-Rouge, murmura-t-il, voilà un triste jour pour lui.

— Hélas ! dit Lorin, ce que je vois de plus triste dans les révolutions, Maurice, veux-tu que je te le dise ?

— Oui.

— C'est que l'on a souvent pour ennemis des gens qu'on voudrait avoir pour amis, et pour amis des gens ..

— J'ai bien peine à croire une chose, interrompit Maurice.

— Laquelle ?

— C'est qu'il n'inventera pas quelque projet, fût-il insensé, pour sauver la reine.

— Un homme plus fort que cent mille !

— Je te dis, fût-il insensé ; moi je sais que pour sauver Geneviève...

Lorin fronça le sourcil.

— Je te le redis, Maurice, reprit-il, tu t'égares ; non, même s'il fallait que tu sauvasses Geneviève, tu ne deviendrais pas mauvais citoyen. Mais assez là-dessus, Maurice, on nous écoute. Tiens, voici les têtes qui ondulent ; tiens, voici le valet du citoyen Sanson qui se lève de dessus son panier, et qui regarde au loin. L'Autrichienne arrive.

En effet, comme pour accompagner cette ondulation qu'avait remarquée Lorin, un frémissement prolongé et croissant envahissait la foule. C'était comme une de ces rafales qui commencent par siffler et qui finissent par mugir.

Maurice , élevant encore sa grande taille à l'aide des poteaux du réverbère, regarda vers la rue Saint-Honoré.

— Oui, dit-il en frissonnant, la voilà !

En effet, on commençait à voir apparaître une autre machine presque aussi hideuse que la guillotine, c'était la charrette.

A droite et à gauche reluisaient les armes de l'escorte , et devant elle Grammont répondait avec les flamboiements de son sabre aux cris poussés par quelques fanatiques. Mais à mesure que la charrette s'avançait, ces cris s'éteignaient subitement sous le regard froid et sombre de la condamnée.

Jamais physionomie n'imposa plus énergiquement le respect; jamais Marie-Antoinette n'avait été plus grande et plus reine. Elle poussa l'orgueil de son courage jusqu'à imprimer aux assistants des idées de terreur.

Indifférente aux exhortations de l'abbé Girard, qui l'avait accompagné malgré elle, son front n'oscillait ni à droite ni à gauche; la pensée vivante au fond de son cerveau semblait immuable comme son regard; le mouvement saccadé de la charrette sur le pavé inégal, faisait, par sa violence même, ressortir la rigidité de son maintien; on eût dit une de ces sta-

tues de marbre qui cheminent sur un
charriot; seulement la statue royale avait
l'œil lumineux, et ses cheveux s'agitaient
au vent.

Un silence pareil à celui du désert s'a-
battit soudain sur les trois cents mille
spectateurs de cette scène, que le ciel
voyait pour la première fois à la clarté
de son soleil.

Bientôt, de l'endroit où se tenaient
Maurice et Lorin, on entendit crier l'es-
sieu de la charrette et souffler les chevaux des gardes.

La charrette s'arrêta au pied de l'échafaud.

La reine, qui, sans doute, ne songeait pas à ce moment, se réveilla et comprit: elle étendit son regard hautain sur la foule, et le même jeune homme pâle qu'elle avait vu debout sur un canon, lui apparut de nouveau debout sur une borne.

De cette borne il lui envoya le même salut respectueux qu'il lui avait déjà adressé au moment où elle sortait de la Conciergerie; puis aussitôt il sauta au bas de la borne.

Plusieurs personnes le virent, et comme il était vêtu de noir, de là le bruit qui se répandit qu'un prêtre avait attendu Marie-Antoinette, afin de lui envoyer l'absolution au moment où elle monterait sur l'échafaud.

Au reste, personne n'inquiéta le chevalier. Il y a, dans les moments suprêmes un suprême respect pour certaines choses.

La reine descendit avec précaution les trois degrés du marche-pied ; elle était soutenue par Sanson, qui, jusqu'au dernier moment, tout en accomplissant la tâche à laquelle il semblait lui-même condamné, lui témoigna les plus grands égards.

Pendant qu'elle marchait vers les degrés de l'échafaud, quelques chevaux se cabrèrent, quelques gardes à pied, quelques soldats, semblèrent osciller et perdre l'équilibre ; puis on vit comme une ombre se glisser sous l'échafaud, mais le calme se rétablit presqu'à l'ins-

tant même, personne ne voulait quitter
sa place dans ce moment solennel, personne ne voulait perdre le moindre dé-
tail du grand drame qui allait s'accomplir ; tous les yeux se reportèrent vers la
condamnée.

La reine était déjà sur la plate-forme
de l'échafaud. Le prêtre lui parlait toujours; un aide la poussait doucement par
derrière ; un autre dénouait le fichu qui
couvrait ses épaules.

Marie-Antoinette sentit cette main infâme qui effleurait son cou, elle fit un
brusque mouvement et marcha sur le
pied de Sanson qui, sans qu'elle le vît,
était occupé à l'attacher à la planche fatale.

Sanson retira son pied.

— Excusez-moi, Monsieur, dit la reine, je ne l'ai point fait exprès.

Ce furent les dernières paroles que prononça la fille des Césars, la reine de France, la veuve de Louis XVI.

Le quart après midi sonna à l'horloge des Tuileries ; en même temps que lui Marie-Antoinette tombait dans l'éternité.

Un cri terrible, un cri qui résumait toutes les patiences ; joie, épouvante, deuil, espoir, triomphe, expiation, couvrit, comme un ouragan, un autre cri faible et lamentable qui, au même moment, retentissait sous l'échafaud.

Les gendarmes l'entendirent pourtant, si faible qu'il fût; ils firent quelques pas en avant; la foule, moins serrée, s'épandit comme un fleuve dont on élargit la digue, renversa la haie, dispersa les gardes, et vint comme une marée, battre les pieds de l'échafaud, qui en fut ébranlé.

Chacun voulait voir de près les restes de la royauté, que l'on croyait à tout jamais détruite en France.

Mais les gendarmes cherchaient autre chose, ils cherchaient cette ombre qui avait dépassé leurs lignes, et qui s'était glissée sous l'échafaud.

Deux d'entre eux revinrent, amenant par le collet un jeune homme dont la main pressait sur son cœur un mouchoir teint de sang.

Il était suivi par un petit chien épagneul qui hurlait lamentablement.

— A mort l'aristocrate ! à mort le ci-devant ! crièrent quelques hommes du peuple, en désignant le jeune homme ; il a trempé son mouchoir dans le sang de l'Autrichienne : à mort !

Grand Dieu ! dit Maurice à Lorin, le reconnais-tu, le reconnais-tu ?

— A mort le royaliste ! répétèrent les forcenés ; ôtez-lui ce mouchoir dont il veut se faire une relique : arrachez, arrachez.

Un sourire orgueilleux erra sur les lèvres du jeune homme, il arracha sa chemise, découvrit sa poitrine, et laissa tomber son mouchoir.

— Messieurs, dit-il, ce sang n'est pas celui de la reine, mais bien le mien; laissez-moi mourir tranquillement.

Et une blessure profonde et ruisselante apparut béante sous la mamelle gauche.

La foule jeta un cri et recula.

Alors le jeune homme s'affaissa lentement, et tomba sur ses genoux en regardant l'échafaud comme un martyre regarde l'autel.

— Maison-Rouge ! murmura Lorin à l'oreille de Maurice.

—Adieu ! murmura le jeune homme en baissant la tête avec un divin sourire; adieu, ou plutôt au revoir !

Et il expira au milieu des gardes stupéfaits.

— Il y a encore cela à faire, Lorin, dit Maurice, avant de devenir mauvais citoyen.

Le petit chien tournait autour du cadavre, effaré et hurlant.

—Tiens, c'est Black, dit un homme

qui tenait un gros bâton à la main; tiens, c'est Black; viens ici, mon petit vieux.

Le chien s'avança vers celui qui l'appelait; mais à peine fut-il à sa portée que l'homme leva son bâton et lui écrasa la tête en éclatant de rire.

— Oh! le misérable? s'écria Maurice.

— Silence! murmura Lorin en l'arrêtant, silence, ou nous sommes perdus... c'est Simon!

X

La visite domiciliaire.

Lorin et Maurice étaient revenus chez le premier d'entre eux, Maurice, pour ne pas compromettre son ami trop ouvertement, avait adopté l'habitude de sortir le matin et de ne rentrer que le soir.

Mêlé aux évènements, assistant au transfert des prisonniers à la Conciergerie, il épiait chaque jour le passage de Geneviève, n'ayant pu savoir en quelle maison elle avait été renfermée.

Car, depuis sa visite à Fouquier-Thinville, Lorin lui avait fait comprendre que la première démarche ostensible le perdrait, qu'alors il serait sacrifié sans avoir pu porter secours à Geneviève, et Maurice, qui se fût fait incarcérer sur-le-champ dans l'espoir d'être réuni à sa maîtresse, devint prudent par la crainte d'être à jamais séparé d'elle.

Il allait donc chaque matin des Carmes à Port-Libre, des Madelonnettes à Saint-Lazare, de la Force au Luxembourg, et stationnait devant les prisons au sortir des charrettes qui menaient les accusés au tribunal révolutionnaire. Son coup-d'œil jeté sur les victimes, il courait à une autre prison.

Mais il s'aperçut bientôt que l'activité de dix hommes ne suffirait pas à surveiller ainsi les trente-trois prisons que Paris possédait à cette époque, et il se contenta d'aller au tribunal même attendre la comparution de Geneviève.

C'était déjà un commencement de désespoir. En effet, quelles ressources restaient à un condamné après l'arrêt? Quelquefois le tribunal, qui commençait les séances à dix heures, avait condamné vingt ou trente personnes à quatre heures; le premier condamné jouissait de six heures de vie, mais le dernier, frappé de sentence à quatre heures moins un quart, tombait à quatre heures et demie sous la hache.

Se résigner à subir une pareille chance pour Geneviève, c'était donc se lasser de combattre le destin.

Oh! s'il eût été prévenu d'avance de l'incarcération de Geneviève... comme Maurice se fût joué de cette justice humaine tant aveuglée à cette époque! Comme il eût facilement et promptement arraché Geneviève de la prison! Jamais évasions ne furent plus commodes. On pourrait dire que jamais elles ne furent plus rares. Toute cette noblesse une fois mise en prison, s'y installait comme en un château, et prenait ses aises pour mourir. Fuir c'était se soustraire aux conséquences du duel : les femmes elles-mêmes rougissaient d'une liberté acquise à ce prix.

Mais Maurice ne se fût pas montré si scrupuleux. Tuer des chiens, corrompre un porte-clés, quoi de plus simple! Geneviève n'était pas un de ces noms tellement splendide qu'il attirât l'attention du monde... Elle ne se déshonorait pas en fuyant, et d'ailleurs... quand elle se fût déshonorée !

Oh! comme il se représentait avec amertume ces jardins de Port-Libre, si faciles à escalader ; ces chambres des Madelonnettes, si commodes à percer pour gagner la rue, et les murs si bas du Luxembourg, et les corridors sombres des Carmes, dans lesquels un homme résolu pouvait pénétrer si aisément en débouchant une fenêtre.

Mais Geneviève était-elle dans l'une de ces prisons ?

Alors, dévoré par le doute et brisé par l'anxiété , Maurice accablait Dixmer d'imprécations ; il le menaçait, il savourait sa haine pour cet homme, dont la lâche vengeance se cachait sous un semblant de dévoûment à la cause royale.

— Je le trouverai aussi, pensait Maurice, car s'il veut sauver la malheureuse femme, il se montrera ; s'il veut la perdre, il lui insultera. Je le retrouverai, l'infâme, et ce jour-là malheur à lui !

Le matin du jour où se passent les

faits que nous allons raconter, Maurice était sorti pour aller s'installer à sa place au tribunal révolutionnaire. Lorin dormait.

Il fut réveillé par un grand bruit que faisait à la porte des voix de femmes et des crosses de fusils.

Il jeta autour de lui ce coup-d'œil effaré de l'homme surpris qui voudrait se convaincre que rien de compromettant ne reste en vue.

Quatre sectionnaires, deux gendarmes et un commissaire entrèrent chez lui au même instant.

Cette visite était tellement significative, que Lorin se hâta de s'habiller.

— Vous m'arrêtez? dit-il.

— Oui, citoyen Lorin.

— Pourquoi cela?

— Parce que tu es suspect.

— Ah! c'est juste.

Le commissaire griffonna quelques mots au bas du procès-verbal d'arrestation.

— Où est ton ami? dit-il ensuite.

— Quel ami!

— Le citoyen Maurice Linday.

— Chez lui probablement, dit Lorin.

— Non pas, il loge ici.

— Lui, allons donc ! Mais cherchez, et si vous le trouvez...

— Voici la dénonciation, dit le commissaire elle est explicite.

Il offrit à Lorin un papier d'une hideuse écriture et d'une orthographe énigmatique. Il était dit dans cette dénonciation que l'on voyait sortir chaque matin, de chez le citoyen Lorin, le citoyen Linday, suspect, décrété d'arrestation.

La dénonciation était signée Simon...

— Ah ça! mais ce savetier perdra ses pratiques, dit Lorin, s'il exerce ces deux états à la fois. Quoi! mouchard et ressemeleur de bottes! C'est un César que ce monsieur Simon...

Et il éclata de rire.

— Le citoyen Maurice? dit alors le commissaire; où est le citoyen Maurice? Nous te sommons de le livrer!

— Quand je vous dis qu'il n'est pas ici!

Le commissaire passa dans la chambre voisine, puis monta dans une petite soupente où logeait l'officieux de Lorin. Enfin, il ouvrit une chambre basse. Nulle trace de Maurice.

Mais snr la table de la salle à manger, une lettre récemment écrite attira l'attention du commissaire. Elle était de Maurice qui l'avait déposée là en partant le matin sans réveiller son ami, bien qu'ils couchassent ensemble :

« Je vais au tribunal, disait Maurice ; déjeune sans moi, je ne rentrerai que ce soir. »

— Citoyens, dit Lorin, quelque hâte que j'aie de vous obéir, vous comprenez que je ne puis vous suivre en chemise... Permettez que mon officieux m'habille.

— Aristocrate, dit une voix, il faut qu'on l'aide pour passer ses culottes...

— Oh ! mon Dieu, oui ! dit Lorin ; je

suis comme le citoyen Dagobert, moi.
Vous remarquerez que je n'ai pas dit roi.

— Allons ! fais dit le commissaire ;
mais dépêche-toi.

L'officieux descendit de sa soupente
et vint aider son maître à s'habiller.

Le but de Lorin n'était pas précisé-
ment d'avoir un valet de chambre, c'é-
tait que rien de ce qui se passait n'échap-
pât à l'officieux, afin que l'officieux redît
ce qui s'était passé à Maurice.

— Maintenant, Messieurs ; pardon, citoyens, maintenant, citoyens, je suis
prêt, et je vous suis. Mais laissez-moi, je
vous prie, emporter le dernier volume
des *Lettres à Émilie* de M. Demoustier,

qui vient de paraître, et que je n'ai pas encore lu; cela charmera les ennuis de la captivité.

— Ta captivité, dit tout-à-coup Simon, devenu municipal à son tour, et entrant suivi de quatre sectionnaires... Elle ne sera pas longue, tu figures dans le procès de la femme qui a voulu faire évader l'Autrichienne. On le juge aujourd'hui... on te jugera demain, quand tu auras témoigné.

— Cordonnier, dit Lorin avec gravité, vous cousez vos semelles trop vite.

— Oui, mais quel joli coup de tranchet, répliqua Simon, avec un hideux sourire; tu verras, tu verras, mon beau grenadier.

Lorin haussa les épaules.

— Eh bien! partons-nous? dit-il je vous attends.

Et comme chacun se retournait pour descendre l'escalier, Lorin lança au municipal Simon un si vigoureux coup de pied qu'il le fit rouler en hurlant tout le long du degré luisant et raide.

Les sectionnaires ne purent s'empêcher de rire. Lorin mit ses mains dans ses poches.

— Dans l'exercice de mes fonctions! dit Simon livide de colère.

— Pardieu! répondit Lorin, est-ce

que nous n'y sommes pas tous dans l'exercice de nos fonctions?

On le fit monter en fiacre et le commissaire le mena au Palais-de-Justice.

XI

Lorin.

Si pour la seconde fois le lecteur veut nous suivre au tribunal révolutionnaire, nous retrouverons Maurice à la même place où nous l'avons déjà vu, seulement nous le retrouverons plus pâle et plus agité.

Au moment où nous rouvrons la scène sur ce lugubre théâtre où nous entraînent les évènements bien plus que notre prédilection, les jurés sont aux opinions, car une cause vient d'être entendue : deux accusés qui ont déjà, par une de ces insolentes précautions avec lesquelles on raillait les juges à cette époque, fait leur toilette pour l'échafaud, s'entretiennent avec leurs défenseurs, dont les paroles vagues ressemblent à celles d'un médecin qui désespère de son malade.

Le peuple des tribunes était ce jour-là d'une féroce humeur, de cette humeur qui excite la sévérité des jurés : placés sous la surveillance immédiate des tricoteuses et des faubouriens, les jurés se tiennent mieux, comme l'acteur qui re-

double d'énergie devant un public mal
disposé.

Aussi, depuis dix heures du matin, cinq
prévenus ont-ils déjà été changés en autant de condamnés par ces mêmes jurés
rendus intraitables.

Les deux qui se trouvaient alors sur le
banc des accusés, attendaient donc en ce
moment le oui ou le non qui devait ou
les rendre à la vie, ou les jeter à la mort.

Le peuple des assistants, rendu féroce
par l'habitude de cette tragédie quoti-
dienne devenue son spectacle favori ; le
peuple des assistants, disons-nous, les
préparait par des interjections, à ce moment redoutable.

— Tiens, tiens, tiens ! regarde donc le grand ! disait une tricoteuse qui n'ayant pas de bonnet portait à son chignon une cocarde tricolore large comme la main ; tiens, qu'il est pâle, on dirait qu'il est déjà mort !

Le condamné regarda la femme qui l'apostrophait avec un sourire de mépris.

— Que dis-tu donc ? reprit la voisine, le voilà qui rit.

— Oui, du bout des dents.

Un faubourien regarda à sa montre.

— Quelle heure est-il ? lui demanda son compagnon.

— Une heure moins dix minutes, voilà trois quarts d'heure que ça dure.

— Juste comme à Domfront, ville de malheur, arrivé à midi, pendu à une heure.

— Et le petit, et le petit! cria un autre assistant; regarde-le donc, sera-t-il laid quand il éternuera dans le sac!

— Bah! c'est trop tôt fait, tu n'auras pas le temps de t'en apercevoir.

— Tiens, on redemandera sa tête à M. Sanson; on a donc le droit de la voir.

— Regarde donc comme il a un bel habit bleu tyran, c'est un peu agréable pour les pauvres quand on raccourcit les gens bien vêtus.

En effet, comme l'avait dit l'exécuteur à la reine, les pauvres héritaient des dépouilles de chaque victime, ces dépouilles étant portées à la Salpêtrière aussitôt après l'exécution pour être distribuées aux indigents : c'est là qu'avaient été envoyés les habits de la reine suppliciée.

Maurice écoutait tourbillonner ces paroles sans y prendre garde; chacun dans ce moment était préoccupé de quelque puissante pensée qui l'isolait depuis quelques jours, son cœur ne battait plus qu'à certains moments et par secousses; de temps en temps la crainte ou l'espérance semblaient suspendre la marche de sa vie, et ces oscillations perpétuelles avaient comme brisé la sensibilité dans son cœur, pour y substituer l'atonie.

Les jurés rentrèrent en séance, et comme on s'y attendait, le président prononça la condamnation des deux prévenus.

On les emmena, ils sortirent d'un pas ferme ; tout le monde mourait bien à cette époque.

La voix de l'huissier retentit lugubre et sinistre.

— Le citoyen accusateur public contre la citoyenne Geneviève Dixmer.

Maurice frissonna de tout son corps,

et une sueur moîte perla par tout son visage.

La petite porte par laquelle entraient les accusés s'ouvrit et Geneviève parut.

, Elle était vêtue de blanc: ses cheveux étaient arrangés avec une charmante coquetterie, car elle les avait étagés et bouclés avec art, au lieu de les couper, ainsi que faisaient beaucoup de femmes.

Sans doute, jusqu'au dernier moment la pauvre Geneviève voulait paraître belle à celui qui pouvait la voir.

Maurice vit Geneviève et il sentit que toutes les forces qu'il avait rassemblées pour cette occasion lui manquaient à la fois; cependant il s'attendait à ce coup, puisque depuis douze jours il n'avait manqué aucune séance, et que trois fois déjà le nom de Geneviève, sortant de la bouche de l'accusateur public, avait frappé son oreille; mais certains désespoirs sont si vastes et si profonds, que nul n'en peut sonder l'abîme.

Tous ceux qui virent apparaître cette femme, si belle, si naïve, si pâle, poussèrent un cri, les uns de fureur, — il y avait, à cette époque, des gens qui haïssaient toute supériorité, supériorité de beauté comme supériorité d'argent, de génie ou de naissance; — les autres d'admiration; quelques-uns de pitié.

Geneviève reconnut, sans doute, un cri dans tous ces cris, une voix parmi toutes ces voix ; car elle se retourna du côté de Maurice, tandis que le président feuilletait le dossier de l'accusée, tout en la regardant de temps en temps, en dessous.

Du premier coup d'œil, elle vit Maurice, tout enseveli qu'il était sous les bords de son large chapeau ; alors elle se retourna entièrement avec un doux sourire et avec un geste plus doux encore ; elle appuya ses deux mains roses et tremblantes sur ses lèvres, et y déposant toute son âme avec son souffle, elle donna des ailes à ce baiser perdu, qu'un seul dans cette foule avait le droit de prendre pour lui.

Un murmure d'intérêt parcourut toute

la salle. Geneviève interpellée, se retourna vers ses juges, mais elle s'arrêta au milieu de ce mouvement, et ses yeux dilatés se fixèrent, avec une indicible expression de terreur, vers un point de la salle.

Maurice se haussa vainement sur la pointe des pieds; il ne vit rien, ou plutôt quelque chose de plus important rappela son attention sur la scène, c'est-à-dire sur le tribunal.

Fouquier-Thinville avait commencé la lecture de l'acte d'accusation.

Cet acte portait que Geneviève Dixmer était femme d'un conspirateur acharné, que l'on suspectait d'avoir aidé l'ex-chevalier de Maison-Rouge dans les tentatives successives qu'il avait faites pour sauver la reine.

D'ailleurs, elle avait été surprise aux genoux de la reine, la suppliant de changer d'habits avec elle, et s'offrant de mourir à sa place. Ce fanatisme stupide, disait l'acte d'accusation, méritera sans doute les éloges des contre-révolutionnaires. Mais aujourd'hui, ajoutait-il, tout citoyen français ne doit sa vie qu'à la nation, et c'est trahir doublement que de la sacrifier aux ennemis de la France.

Geneviève, interrogée si elle reconnaissait avoir été, comme l'avaient dit les gendarmes Dufresne et Gilbert, surprise aux genoux de la reine, la suppliant de changer de vêtements avec elle, répondit simplement :

— Oui !

— Alors, dit le président, racontez-nous votre plan et vos espérances ?

Geneviève sourit.

— Une femme peut concevoir des es-pérances, dit-elle ; mais une femme ne peut faire un plan dans le genre de celui dont je suis victime.

— Comment vous trouviez-vous là, alors ?

— Parce que je ne m'appartenais pas et qu'on me poussait.

— Qui vous poussait ? demanda l'ac-cusateur public.

— Des gens qui m'avaient menacée de mort si je n'obéissais pas.

Et le regard irrité de la jeune femme alla se fixer de nouveau sur ce point de la salle invisible à Maurice.

— Mais, pour échapper à cette mort dont on vous menaçait, vous affrontiez la mort qui devait résulter pour vous d'une condamnation ?

— Lorsque j'ai cédé, le couteau était sur ma poitrine, tandis que le fer de la guillotine était encore loin de ma tête. Je me suis courbée sous la violence présente.

— Pourquoi n'appeliez-vous pas à l'aide ? tout bon citoyen vous eût défendue.

— Hélas! Monsieur, répondit Geneviève, avec un accent à la fois si triste et si tendre, que le cœur de Maurice se gonfla comme s'il allait éclater; hélas! je n'avais plus personne près de moi.

L'attendrissement succédait à l'intérêt, comme l'intérêt avait succédé à la curiosité. Beaucoup de têtes se baissèrent, les unes cachant leurs larmes, les autres les laissant couler librement.

Maurice, alors, aperçut vers sa gauche une tête restée ferme, un visage demeuré inflexible.

C'était Dixmer, debout, sombre, implacable, et qui ne perdait de vue ni Geneviève, ni le tribunal.

Le sang afflua aux tempes du jeune homme; la colère monta de son cœur à son front, emplissant tout son être de désirs immodérés de vengeance. Il lança à Dixmer un regard chargé d'une haine si électrique, si puissante, que celui-ci, comme attiré par le fluide brûlant, tourna la tête vers son ennemi.

Leurs deux regards se croisèrent comme deux flammes.

— Dites-nous les noms de vos instigateurs, demanda le président.

— Il n'y en a eu qu'un seul, Monsieur.

— Lequel?

— Mon mari.

— Savez-vous où il est?

— Oui.

— Indiquez sa retraite.

— Il a pu être infâme ; mais je ne serai pas lâche, ce n'est point à moi de dénoncer sa retraite ; c'est à vous de la découvrir.

Maurice regarda Dixmer.

Dixmer ne fit pas un mouvement.

Une idée traversa la tête du jeune homme : c'était de le dénoncer en se dénonçant soi-même ; mais il la comprima.

— Non, dit-il, ce n'est pas ainsi qu'il doit mourir.

— Ainsi, vous refusez de guider nos recherches, dit le président.

— Je crois, Monsieur, que je ne puis le faire, répondit Geneviève, sans me rendre aussi méprisable aux yeux des autres qu'il l'est aux miens.

— Y a-t-il des témoins? demanda le président.

— Il y en a un, répondit l'huissier.

— Appelez le témoin.

— Maximilien-Jean Lorin, glapit l'huissier.

— Lorin! s'écria Maurice. Oh! mon Dieu! qu'est-il donc arrivé!

Cette scène se passait le jour même de l'arrestation de Lorin, et Maurice ignorait cette arrestation.

— Lorin! murmura Geneviève, en regardant autour d'elle avec une douloureuse inquiétude.

— Pourquoi le témoin ne répond-il pas à l'appel? demanda le président.

— Citoyen président, dit Fouquier-Thinville, sur une dénonciation récente le témoin a été arrêté à son domicile; on va l'amener à l'instant.

Maurice tressaillit.

— Il y avait un autre témoin plus important, continua Fouquier; mais celui-là on n'a pas pu le trouver encore.

Dixmer se retourna en souriant vers Maurice : peut-être la même idée qui avait passé dans la tête de l'amant passait-elle à son tour dans la tête du mari.

Geneviève pâlit et s'affaissa sur elle-même en poussant un gémissement.

En ce moment Lorin entra suivi de deux gendarmes.

Après lui, et par la même porte, apparut Simon qui vint s'asseoir dans le prétoire en habitué de la localité.

— Vos noms et prénoms? demanda le président.

— Maximilien-Jean Lorin.

— Votre état?

— Homme libre.

— Tu ne le seras pas longtemps, dit Simon, en lui montrant le poing.

— Etes-vous parent de la prévenue?

— Non, mais j'ai l'honneur d'être de ses amis.

— Saviez-vous qu'elle conspirât l'enlèvement de la reine?

— Comment voulez-vous que je susse cela !

— Elle pouvait vous l'avoir confié.

— A moi, membre de la section des Thermopyles?... Allons donc !

— On vous a vu cependant quelquefois avec elle.

— On a dû m'y voir souvent même.

— Vous la connaissiez pour une aristocrate?

— Je la connaissais pour la femme d'un maitre tanneur.

— Son mari n'exerçait pas en réalité l'état sous lequel il se cachait.

— Ah ! cela je l'ignore; son mari n'est pas de mes amis.

— Parlez-nous de ce mari.

—Oh ! très-volontiers ! C'est un vilain homme.....

— Monsieur Lorin, dit Geneviève; par pitié.

Lorin continua impassiblement.

— Qui a sacrifié la pauvre femme que vous avez devant les yeux pour satisfaire, non pas même à ses opinions politiques, mais à ses haines personnelles ; pouah !

je le mets presqu'aussi bas que Simon.

Dixmer devint livide : Simon voulut parler, mais d'un geste le président lui imposa silence.

— Vous paraissez connaître parfaitement toute cette histoire, citoyen Lorin, dit Fouquier, contez-nous la.

— Pardon, citoyen Fouquier, dit Lorin en se levant, j'ai dit tout ce que j'en savais.

Il salua et se rassit.

— Citoyen Lorin, continua l'accusateur, il est de ton devoir d'éclairer le tribunal.

— Qu'il s'éclaire avec ce que je viens

de dire. Quant à cette pauvre femme,
elle est innocente, je le répète, et elle
n'a fait qu'obéir à la violence. Eh! tenez, regardez-la seulement, est-elle taillée
en conspiratrice ? On l'a forcée de faire
ce qu'elle a fait, voilà tout.

— Tu le crois ?

— J'en suis sûr.

— Au nom de la loi, dit Fouquier, je
requiers que le témoin Lorin soit traduit
devant le tribunal, comme prévenu de
complicité avec cette femme.

Maurice poussa un gémissement.

Geneviève cacha son visage dans ses
deux mains.

Simon s'écria, dans un transport de joie :

— Citoyen accusateur, tu viens de sauver la patrie ?

Quant à Lorin, sans rien répondre, il enjamba la balustrade, pour venir s'asseoir près de Geneviève, lui prit la main, et la baisant respectueusement :

— Bonjour, citoyenne, dit-il avec un flegme qui électrisa l'assemblée. Comment vous portez-vous ?

Et il s'assit au banc des accusés.

XII

Suite du précédent.

Toute cette scène avait passé comme une vision fantasmagorique devant Maurice, appuyé sur la poignée de son sabre, qui ne le quittait pas ; il voyait tomber un à un ses amis dans le gouffre qui ne rend pas ses victimes, et cette image mortelle était pour lui si frappante, qu'il se demandait pourquoi lui, le compagnon de ces infortunés, se cramponnait encore au bord du précipice, et ne se laissait point aller au vertige qui l'entraînait avec eux.

En enjambant la balustrade, Lorin avait vu la figure sombre et railleuse de Dixmer.

Lorsqu'il se fut placé près d'elle, comme nous l'avons dit, Geneviève se pencha à son oreille.

— Oh ! mon Dieu ! dit-elle, savez-vous que Maurice est là ?

— Où donc ?

— Ne regardez pas tout de suite; votre regard pourrait le perdre.

— Soyez tranquille.

— Derrière nous, près de la porte. Quelle douleur pour lui si nous sommes condamnés !

Lorin regarda la jeune femme avec une tendre compassion.

— Nous le serons, dit-il, je vous conjure de ne pas en douter. La déception serait trop cruelle si vous aviez l'imprudence d'espérer.

— Oh ! mon Dieu ! dit Geneviève. Pauvre ami ! qui restera seul sur la terre !

Lorin se retourna alors vers Maurice, et Geneviève, n'y pouvant résister, jeta de son côté un regard rapide sur le jeune homme.

Maurice avait les yeux fixés sur eux, et il appuyait une main sur son cœur.

— Il y a un moyen de vous sauver, dit Lorin.

— Sûr! demanda Geneviève dont les yeux étincelèrent de joie.

— Oh! de celui-là, j'en réponds.

— Si vous me sauviez, Lorin, comme je vous bénirais!

— Mais ce moyen..., reprit le jeune homme,

Geneviève lut son hésitation dans ses yeux.

— Vous l'avez donc vu, vous aussi? dit-elle.

— Oui, je l'ai vu. Voulez-vous être sauvée? qu'il descende à son tour dans le fauteuil de fer, et vous l'êtes.

Dixmer devina sans doute à l'expression du regard de Lorin quelles étaient les paroles qu'il prononçait, car il pâlit d'abord, mais bientôt il reprit son calme sombre et son sourire infernal.

— C'est impossible, dit Geneviève; je ne pourrais plus le haïr.

— Dites qu'il connaît votre générosité
et qu'il vous brave.

— Sans doute, car il est sûr de lui, de
moi, de nous tous.

— Geneviève, Geneviève, je suis moins
parfait que vous ; laissez-moi l'entraîner,
et qu'il périsse.

— Non, Lorin, je vous en conjure, rien
de commun avec cet homme, pas même
la mort ; il me semble que je serais infi-
dèle à Maurice si je mourais avec Dixmer.

— Mais vous ne mourrez pas, vous.

— Le moyen de vivre quand il sera
mort ?

— Ah ! dit Lorin, que Maurice a raison de vous aimer ; vous êtes un ange, et la patrie des anges est au ciel. Pauvre cher Maurice !

Cependant Simon, qui ne pouvait entendre ce que disaient les deux accusés, dévorait du regard leur physionomie à défaut de leurs paroles.

— Citoyen gendarme, dit-il, empêche donc les conspirateurs de continuer leurs complots contre la république jusques dans le tribunal révolutionnaire.

— Bon, répondit le gendarme ; tu sais bien, citoyen Simon, qu'on ne conspire plus ici, ou que si l'on y conspire ce n'est point pour longtemps. Ils causent, les

citoyens, et puisque la loi ne défend pas
de causer dans la charrette, pourquoi dé-
fendrait-elle de causer au tribunal.

Ce gendarme, c'était Gilbert, qui ayant
reconnu la prisonnière faite par lui dans
le cachot de la reine, témoignait avec sa
probité ordinaire, l'intérêt qu'il ne pouvait s'empêcher d'accorder au courage
et au dévoûment.

Le président avait consulté ses asses-
seurs, sur l'invitation de Fouquier-Thinville, il commença les questions :

— Accusé Lorin , demanda-t-il , de
quelle nature était vos relations avec la
citoyenne Dixmer ?

— De quelle nature, citoyen président?

— Oui.

L'amitié la plus pure unissait nos deux cœurs,
Elle m'aimait en frère et je l'aimais en sœur.

—Citoyen Lorin, dit Fouquier-Thinville, ta rime est mauvaise.

— Comment cela? demanda Lorin.

— Sans doute, il y a un *s* de trop.

— Coupe, citoyen accusateur, coupe, c'est ton état.

Le visage impassible de Fouquier-

Thinville pâlit légèrement à cette terrible plaisanterie.

— Et de quel œil, demanda le président, le citoyen Dixmer voyait-il la liaison d'un homme qui se prétendait républicain, avec sa femme?

— Oh ! quant à cela, je ne puis vous le dire, déclarant n'avoir jamais connu le citoyen Dixmer et en être parfaitement satisfait.

— Mais, reprit Fouquier-Thinville, tu ne dis pas que ton ami, le citoyen Maurice Linday, était entre toi et l'accusé le nœud de cette amitié si pure.

— Si je ne le dis pas, répondit Lorin,

c'est qu'il me semble que c'est mal de le dire, et je trouve même que vous auriez dû prendre exemple sur moi.

— Les citoyens jurés, dit Fouquier-Thinville, apprécieront cette singulière alliance de deux républicains avec une aristocrate, et dans le moment même où cette aristocrate est convaincue du plus noir complot qu'on ait tramé contre la nation.

— Comment aurais-je su ce complot dont tu parles, citoyen accusateur? demanda Lorin révolté plutôt qu'effrayé de la brutalité de l'argument.

— Vous connaissiez cette femme, vous étiez son ami, elle vous appelait son frère, vous l'appeliez votre sœur, et vous ne connaissiez pas ses démarches? Est-il donc possible, comme vous l'avez dit vous-même, dit le président, qu'elle ait perpétré seule l'action qui lui est imputée?

— Elle ne l'a pas perpétrée seule, reprit Lorin en se servant des mots techniques employés par le président, puisqu'elle vous a dit, puisque je vous ai dit et puisque je vous répète que son mari l'y poussait.

— Alors comment ne connaissais-tu pas le mari, dit Fouquier-Thinville, puisque le mari était uni avec la femme?

Lorin n'avait qu'à raconter la première disparition de Dixmer; Lorin n'avait

qu'à dire les amours de Geneviève et de
Maurice ; Lorin n'avait enfin qu'à faire
connaître la façon dont le mari avait en-
levé et caché sa femme dans une retraite
impénétrable, pour se disculper de toute
connivence en dissipant toute obscurité.

Mais pour cela , il fallait trahir le secret de ses deux amis, pour cela il fallait
faire rougir Geneviève devant cinq cents
personnes. Lorin secoua la tête comme
pour se dire non à lui-même.

— Eh bien ! demanda le président,
que répondrez-vous au citoyen accusateur ?

— Que sa logique est écrasante, dit
Lorin, et qu'il m'a convaincu d'une chose
dont je ne me doutais même pas.

— Laquelle?

— C'est que je suis, à ce qu'il paraît, un des plus affreux conspirateurs qu'on ait encore vus.

Cette déclaration souleva une hilarité universelle. Les jurés eux-mêmes n'y purent tenir, tant ce jeune homme avait prononcé ces paroles avec l'intonation qui leur convenait.

Fouquier sentit toute la raillerie; et comme, dans son infatigable persévérance, il en était arrivé à connaître tous les secrets des accusés aussi bien que les accusés eux-mêmes, il ne put se défendre envers Lorin d'un sentiment d'admiration compatissante.

— Voyons, dit-il, citoyen Lorin, parle,
défends-toi. Le tribunal t'écoutera, car
il connaît ton passé, et ton passé c'est
celui d'un brave républicain.

Simon voulut parler; le président lui
fit signe de se taire.

— Parle, citoyen Lorin, dit-il, nous
t'écoutons.

Lorin secoua de nouveau la tête.

— Ce silence est un aveu, reprit le
président.

— Non pas, dit Lorin, ce silence est
du silence, voilà tout.

— Encore une fois, dit Fouquier-Thinville, veux-tu parler ?

Lorin se retourna vers l'auditoire, pour interroger des yeux Maurice sur ce qu'il avait à faire.

Maurice ne fit point signe à Lorin de parler, et Lorin se tut.

C'était se condamner soi-même.

Ce qui suivit fut d'une exécution rapide.

Fouquier résuma son accusation; le président résuma les débats; les jurés allèrent aux voix et rapportèrent un ver-

dict de culpabilité contre Lorin et Geneviève.

Le président les condamna tous les
deux à la peine de mort.

Deux heures sonnaient à la grande
horloge du Palais.

Le président mit juste autant de temps
pour prononcer la condamnation que
l'horloge à sonner.

Maurice écouta ces deux bruits fondus
l'un dans l'autre. Quand la double vibration de la voix et du timbre fut éteinte,
ses forces étaient épuisées.

Les gendarmes emmenèrent Geneviève
et Lorin, qui lui avait offert son bras.

Tous deux saluèrent Maurice d'une façon bien différente : Lorin souriait ; Geneviève, pâle et défaillante, lui envoya
un dernier baiser sur ses doigts trempés
de larmes.

Elle avait conservé l'espoir de vivre
jusqu'au dernier moment, et elle pleurait non pas sa vie, mais son amour, qui
allait s'éteindre avec sa vie.

Maurice, à moitié fou, ne répondit
point à cet adieu de ses amis ; il se releva
pâle, égaré, du banc sur lequel il s'était
affaissé. Ses amis avaient disparu.

Il sentit qu'une seule chose vivait encore en lui : c'était la haine qui lui mordait le cœur.

Il jeta un dernier regard autour de lui et reconnut Dixmer, qui s'en allait avec d'autres spectateurs et qui se baissait pour passer sous la porte cintrée du couloir.

Avec la rapidité du ressort qui se détend, Maurice bondit de banquettes en banquettes et parvint à la même porte.

Dixmer l'avait déjà franchie : il descendait dans l'obscurité du corridor.

Maurice descendit derrière lui.

Au moment ou Dixmer toucha du pied les dalles de la grande salle, Maurice toucha l'épaule de Dixmer de la main.

XIII

Le duel.

A cette époque c'était toujours une chose grave que de se sentir toucher à l'épaule.

Dixmer se retourna et reconnut Maurice.

— Ah ! bonjour, citoyen républicain, fit Dixmer sans témoigner d'autre émotion qu'un tressaillement imperceptible qu'il réprima aussitôt.

— Bonjour, citoyen lâche, répondit Maurice ; vous m'attendiez, n'est-ce pas ?

— C'est-à-dire que je ne vous attendais plus : au contraire, répondit Dixmer.

— Pourquoi cela ?

— Parce que je vous attendais plus tôt.

— J'arrive encore pour toi trop tôt,

assassin, ajouta Maurice avec une voix
ou plutôt avec un murmure effrayant, car
il était le grondement de l'orage amassé
dans son cœur, comme son regard en
était l'éclair.

— Vous me jetez du feu par les yeux,
citoyen, reprit Dixmer. On va nous reconnaître et nous suivre.

— Oui, et tu crains d'être arrêté, n'est-
ce pas? tu crains d'être conduit à cet
échafaud où tu envoies les autres. Qu'on
nous arrête, tant mieux, car il me semble
qu'il manque aujourd'hui un coupable à
la justice nationale.

— Comme il manque un nom sur la

liste des gens d'honneur, n'est-ce pas?
depuis que le vôtre en a disparu.

— C'est bien, nous reparlerons de tout
cela, je l'espère, mais en attendant vous
vous êtes vengé, et misérablement vengé,
sur une femme. Pourquoi, puisque vous
m'attendiez quelque part, ne m'attendiez-
vous pas chez moi le jour où vous m'avez
volé Geneviève?

— Je croyais que le premier voleur,
c'était vous.

— Allons, pas d'esprit, Monsieur, je
ne vous en ai jamais connu ; pas de mots,
je vous sais plus fort sur l'action que sur

la parole, témoin le jour où vous avez voulu m'assassiner : ce jour-là le naturel parlait.

— Et je me suis fait plus d'une fois le reproche de ne l'avoir point écouté, répondit tranquillement Dixmer.

— Eh bien ! dit Maurice en frappant sur son sabre, je vous offre une revanche.

— Demain si vous voulez, pas aujourd'hui.

— Pourquoi demain ?

— Ou ce soir.

— Pourquoi pas tout de suite ?

— Parce que j'ai affaire jusqu'à cinq heures.

— Encore quelque hideux projet, dit Maurice, encore quelque guet-apens.

—Ah çà ! Monsieur Maurice, reprit Dixmer, vous êtes bien peu reconnaissant, en vérité. Comment ! pendant six mois je vous ai laissé filer le parfait amour avec ma femme ; pendant six mois j'ai respecté vos rendez-vous, laissé passer vos sourires. Jamais homme, convenez-en, n'a été si peu tigre que moi.

— C'est-à-dire que tu croyais que je

pouvais t'être utile, et que tu me ména-
geais

— Sans doute ! répondit avec calme
Dixmer, qui se dominait autant que s'em-
portait Maurice. Sans doute ! tandis que
vous trahissiez votre république et que
vous me la vendiez pour un regard de ma
femme ; pendant que vous vous déshono-
riez, vous par votre trahison, elle par son
amour adultère, j'étais, moi, le sage et
le héros.

J'attendais et je triomphais.

— Horreur ! dit Maurice.

— Oui, n'est-ce pas, vous appréciez

votre conduite, Monsieur? Elle est horrible! elle est infâme!

— Vous vous trompez, Monsieur, la conduite que j'appelle horrible et infâme c'est celle de l'homme à qui l'honneur d'une femme avait été confié, qui avait juré de garder cet honneur pur et intact, et qui, au lieu de tenir son serment, a fait de sa beauté l'amorce honteuse où il a pris le faible cœur. Vous aviez, avant toute chose, pour devoir sacré, de protéger cette femme, Monsieur, et au lieu de la protéger vous l'avez vendue.

— Ce que j'avais à faire, Monsieur, répondit Dixmer, je vais vous le dire; j'avais à sauver mon ami, qui soutenait avec moi une cause sacrée. De même que j'ai sacrifié mes biens à cette cause, je lui ai sacrifié mon honneur. Quant à moi, je me suis complètement oublié, complètement effacé. Je n'ai songé à moi qu'en dernier lieu. Maintenant, plus d'ami : mon ami est mort poignardé ; maintenant, plus de reine : ma reine est morte sur l'échafaud ; maintenant, eh bien ! maintenant, je songe à ma vengeance.

— Dites à votre assassinat.

— On n'assassine pas une adultère en la frappant, on la punit.

— Cet adultère, vous le lui avez im-posé ; donc il était légitime.

— Vous croyez? fit Dixmer avec un sombre sourire. Demandez à ses remords si elle croit avoir agi légitimement?

— Celui qui punit frappe au jour; toi tu ne punis pas, puisqu'en frappant tu fuis, puisqu'en jetant sa tête à la guillotine, tu te caches.

— Moi, je fuis! moi, je me cache! et où vois-tu cela, pauvre cervelle que tu es? demanda Dixmer; est-ce se cacher que d'assister à sa condamnation? est-ce fuir que d'aller jusque dans la salle des Morts lui jeter mon dernier adieu?

— Tu vas la revoir, s'écria Maurice, tu vas lui dire adieu!

— Allons, répondit Dixmer en haussant les épaules, décidément tu n'es pas expert en vengeance, citoyen Maurice. Ainsi à ma place tu serais satisfait en abandonnant les évènements à leur seule force, les circonstances à leur seul entraînement ; ainsi, par exemple, la femme adultère ayant mérité la mort, du moment où je la punis de mort, je suis quitte envers elle, ou plutôt elle est quitte envers moi ? Non, citoyen Maurice, j'ai trouvé mieux que cela, moi : j'ai trouvé un moyen de rendre à cette femme tout le mal qu'elle m'a fait. Elle t'aime, et elle va mourir loin de toi ; elle me déteste, et elle va me revoir. Tiens, ajouta-t-il en tirant un portefeuille de sa poche ; vois-tu ce portefeuille ? il renferme une carte signée du greffier du Palais. Avec cette

carte, je puis pénétrer près des condamnés ; eh bien ! je pénétrerai près de Geneviève et je l'appellerai adultère ; je verrai
tomber ses cheveux sous la main du bourreau et tandis que ses cheveux tombe-
ront, elle entendra ma voix qui répétera :
adultère ! Je l'accompagnerai jusqu'à la
charrette, et quand elle posera le pied
sur l'échafaud, le dernier mot qu'elle
entendra sera le mot : adultère.

—Prends garde ! elle n'aura pas la
force de supporter tant de lâchetés et elle
te dénoncera.

— Bon, dit Dixmer, elle me hait trop
pour cela ; si elle avait dû me dénoncer,
elle m'eût dénoncé quand ton ami lui en

donnait le conseil tout bas : puisqu'elle
ne m'a pas dénoncé pour sauver sa vie,
elle ne me dénoncera point pour mourir
avec moi ; car elle sait bien que si elle
me dénonçait, je ferais retarder son supplice d'un jour ; elle sait bien que si elle
me dénonçait, j'irais avec elle, non-seulement jusqu'au bas des degrés du Palais, mais encore jusqu'à l'échafaud ; car
elle sait bien qu'au lieu de l'abandonner
au pied de l'escabeau, je monterais avec
elle dans la charrette ; car elle sait bien
que tout le long du chemin je lui répéterais ce mot terrible : adultère ; que sur
l'échafaud je le lui répéterais toujours,
et qu'au moment où elle tomberait dans
l'éternité, l'accusation y tomberait avec
elle.

Dixmer était effrayant de colère et de haine; sa main avait saisi la main de Maurice, et la secouait avec une force inconnue au jeune homme, sur lequel un effet contraire s'opérait. A mesure que s'exaltait Dixmer, Maurice se calmait.

— Écoute, dit le jeune homme, à cette vengeance il manque une chose.

— Laquelle?

— C'est que tu puisses lui dire, en sortant du tribunal, j'ai rencontré ton amant et je l'ai tué.

— Au contraire, j'aime mieux lui dire

que tu vis, et que tout le reste de ta vie tu souffriras du spectacle de sa mort.

— Tu me tueras cependant, dit Maurice ; ou, ajouta-t-il en regardant autour de lui et en se voyant à peu près maître de la position, c'est moi, qui te tuerai.

Et pâle d'émotion, exalté par la colère, sentant sa force doublée de la contrainte qu'il s'était imposée pour entendre Dixmer dérouler jusqu'au bout son terrible projet, il le saisit à la gorge et l'attira à lui tout en marchant à reculons vers un escalier qui conduisait à la berge de la rivière.

Au contact de cette main, Dixmer à

son tour sentit la haine monter en lui comme une lave.

— C'est bien, dit-il, tu n'as pas besoin de me traîner de force, j'irai.

— Viens donc, tu es armé.

— Je te suis.

— Non, précède-moi ; mais, je t'en préviens, au moindre signe, au moindre geste, je te fends la tête d'un coup de sabre.

—Oh ! tu sais bien que je n'ai pas peur,

dit Dixmer avec ce sourire que la pâleur de ses lèvres rendait si effrayant.

— Peur de mon sabre, non, murmura Maurice, mais peur de perdre ta vengeance. Et cependant, ajouta-t-il, maintenant que nous voilà face à face, tu peux lui dire adieu.

En effet, ils étaient arrivés au bord de l'eau, et si le regard pouvait encore les suivre où ils étaient, nul ne pouvait arriver assez à temps pour empêcher le duel d'avoir lieu.

D'ailleurs, une égale colère dévorait les deux hommes.

Tout en parlant ainsi, ils étaient descendus par le petit escalier qui donne sur la place du Palais, et ils avaient gagné le quai à peu près désert ; car, comme les condamnations continuaient , attendu qu'il était deux heures à peine, la foule encombrait encore le prétoire , les corridors et les cours, et Dixmer paraissait avoir aussi soif du sang de Maurice que Maurice avait soif du sang de Dixmer.

Ils s'enfoncèrent alors sous une de ces voûtes qui conduisent des cachots de la Conciergerie à la rivière, égoûts infects aujourd'hui, et qui, jadis sanglants, charrièrent plus d'une fois les cadavres loin des oubliettes.

Maurice se plaça entre l'eau et Dixmer.

—Je crois, décidément, que c'est moi
qui te tuerai, Maurice, dit Dixmer ; tu
trembles trop.

—Et moi, Dixmer, dit Maurice en met-
tant le sabre à la main et en lui fermant
avec soin toute retraite, je crois, au contraire, que c'est moi qui te tuerai, et qui,
après t'avoir tué, prendrai dans ton portefeuille le laissez-passer du greffier du
Palais. Oh ! tu as beau boutonner ton habit, va ; mon sabre l'ouvrira, je t'en réponds, fût-il d'airain comme les cuirasses
antiques.

— Ce papier, hurla Dixmer, tu le prendras?

— Oui, dit Maurice, c'est moi qui m'en servirai de ce papier ; c'est moi qui, avec ce papier, entrerai près de Geneviève, c'est moi qui m'assoierai près d'elle sur la charrette ; c'est moi qui murmurerai à son oreille tant qu'elle vivra : *Je t'aime ;* et quand tombera sa tête : *Je t'aimais.*

Dixmer fit un mouvement de la main gauche pour saisir le papier de sa main droite, et le lancer avec le portefeuille dans la rivière. Mais rapide comme la foudre, tranchant comme une hache, le sabre de Maurice s'abattit sur cette main et la sépara presque entièrement du poignet.

Le blessé jeta un cri, tout en secouant sa main mutilée, et tomba en garde.

Alors commença sous cette voûte perdue et ténébreuse un combat terrible ; les deux hommes renfermés dans un espace si étroit, que les coups pour ainsi dire ne pouvaient s'écarter de la ligne du corps, glissaient sur la dalle humide et se retenaient difficilement aux parois de l'égoût ; les attaques se multipliaient en raison de l'impatience des combattants.

Dixmer sentait son sang couler et comprenait que ses forces allaient s'en aller avec son sang, il chargea Maurice avec une telle violence que celui-ci fut obligé de faire un pas en arrière. En rompant, son pied gauche glissa et la pointe du sabre de son ennemi entama sa poitrine. Mais par un mouvement rapide comme la pensée, tout agenouillé qu'il était, il releva la lame avec sa main gauche, et tendit la pointe à Dixmer, qui, lancé par sa colère, lancé par son mouvement sur un sol incliné, vint tomber sur son sabre et s'enferra lui-même.

On entendit une imprécation terrible : puis les deux corps roulèrent jusque hors de la voûte.

Un seul se releva ; c'était Maurice, Maurice couvert de sang, mais du sang de son ennemi.

Il retira son sabre à lui, et à mesure qu'il le retirait, il semblait avec la lame aspirer le reste de vie qui agitait encore d'un frissonnement nerveux les membres de Dixmer.

Puis, lorsqu'il se fut bien assuré qu'il était mort, il se pencha sur le cadavre, ouvrit l'habit du mort, prit le portefeuille et s'éloigna rapidement.

En jetant les yeux sur lui, il vit qu'il ne ferait pas quatre pas dans la rue sans être arrêté : il était couvert de sang.

Il s'approcha du bord de l'eau, se pencha vers le fleuve et y lava ses mains et son habit.

— Puis, il remonta rapidement l'escalier en jetant un dernier regard vers la voûte.

Un filet rouge et fumant en sortait et s'avançait ruisselant vers la rivière.

Arrivé près du Palais, il ouvrit le portefeuille et y trouva le laissez-passer signé du greffier du Palais.

— Merci, Dieu juste ! murmura-t-il.

Et il monta rapidement les degrés qui conduisaient à la salle des morts.

Trois heures sonnaient.

XIV

La salle des Morts.

On se rappelle que le greffier du Palais avait ouvert à Dixmer ses registres d'écrou, et entretenu avec lui des relations que la présence de madame la greffière rendait fort agréables.

Cet homme, comme on le pense bien, entra dans des terreurs effroyables lorsque vint la révélation du complot de Dixmer.

Il ne s'agissait, en effet, pour lui, de rien moins que de paraître complice de son faux collègue, et d'être condamné à mort avec Geneviève.

Fouquier-Thinville l'avait appelé devant lui.

On comprend quel mal s'était donné le pauvre homme pour établir son innocence aux yeux de l'accusateur public; il y avait réussi, grâce aux aveux de

Geneviève, qui établissaient son ignorance des projets de son mari. Il y avait réussi, grâce à la fuite de Dixmer ; il y avait réussi surtout, grâce à l'intérêt de Fouquier-Thinville, qui voulait conserver son administration pure de toute tache.

— Citoyen, avait dit le greffier en se jetant à ses genoux, pardonne-moi, je me suis laissé tromper.

— Citoyen, avait répondu l'accusateur public, un employé de la nation qui se laisse tromper dans des temps comme ceux-ci, mérite d'être guillotiné.

— Mais on peut être bête, citoyen, re-

prit le greffier qui mourait d'envie d'appeler Fouquier-Thinville monseigneur.

— Bête ou non, reprit le rigide accusateur, nul ne doit se laisser endormir
dans son amour pour la république. Les
oies du Capitole aussi étaient des bêtes,
et cependant elles se sont réveillées pour
sauver Rome.

Le greffier n'avait rien à répliquer à
un pareil argument; il poussa un gémissement et attendit.

— Je te pardonne, dit Fouquier. Je te
défendrai même, car je ne veux pas
qu'un de mes employés soit même soup-

çonné ; mais souviens-toi qu'au moindre mot qui reviendra à mes oreilles, au moindre souvenir de cette affaire, tu y passeras.

Il n'est pas besoin de dire avec quel empressement et quelle sollicitude le greffier s'en alla trouver les journaux, toujours empressés de dire ce qu'ils savent, et quelquefois ce qu'ils ne savent pas, dussent-ils faire tomber la tête de dix hommes.

Il chercha partout Dixmer, pour lui recommander le silence, mais Dixmer avait tout naturellement changé de domicile, et il ne put le retrouver.

Geneviève fut amenée sur le fauteuil des accusés, mais elle avait déjà déclaré, dans l'instruction, que ni elle ni son mari n'avaient aucun complice.

Aussi, comme il remercia des yeux la pauvre femme quand il la vit passer devant lui pour se rendre au tribunal.

Seulement, comme elle venait de passer, et qu'il était rentré un instant dans le greffe pour y prendre un dossier que réclamait le citoyen Fouquier-Thinville, il vit tout-à-coup apparaître Dixmer, qui s'avança vers lui d'un pas calme et tranquille.

Cette vision le pétrifia.

— Oh ! fit-il, comme s'il eût aperçu un spectre.

— Est-ce que tu ne me reconnais pas ? demanda le nouvel arrivant.

— Si fait. Tu es le citoyen Durand, ou plutôt le citoyen Dixmer.

— C'est cela.

— Mais tu es mort, citoyen ?

— Pas encore, comme tu vois.

— Je veux dire qu'on va t'arrêter.

—Qui veux-tu qui m'arrête ? personne ne me connaît.

— Mais je te connais moi, et je n'ai qu'un mot à dire pour te faire guillotiner.

— Et moi je n'ai qu'à en dire deux pour qu'on te guillotine avec moi.

— C'est abominable ce que tu dis là !

—Non, c'est logique.

— Mais de quoi s'agit-il? Voyons, parle! dépêche-toi, car moins longtemps nous causerons ensemble, moins nous courrons de danger l'un et l'autre.

— Voici. Ma femme va être condamnée, n'est-ce pas?

— J'en ai grand'-peur! pauvre femme!

— Eh bien! je désire la voir une dernière fois pour lui dire adieu!

— Où cela?

— Dans la salle des Morts!

— Tu oseras entrer là?

— Pourquoi pas?

— Oh! fit le greffier comme un homme à qui cétte seule pensée fait venir la chair de poule.

— Il doit y avoir un moyen? continua Dixmer.

— D'entrer dans la salle des Morts? oui, sans doute.

— Lequel?

— C'est de se procurer une carte.

— Et où se procure-t-on ces cartes?

Le greffier pâlit affreusement, et balbutia.

— Ces cartes, où on se les procure, vous demandez ?

— Je demande où on se les procure ? répondit Dixmer ; la question est claire, je pense.

— On se les procure... ici.

— Ah ! vraiment ! et qui les signe d'habitude ?

— Le greffier.

— Mais le greffier, c'est toi ?

— Sans doute, c'est moi.

— Tiens, comme cela tombe ! reprit Dixmer en s'asseyant ; tu vas me signer une carte.

Le greffier fit un bond.

— Tu me demandes ma tête, citoyen, dit-il.

— Eh non ! je te demande une carte, voilà tout.

— Je vais te faire arrêter, malheureux ! dit le greffier, rappelant toute son énergie.

— Fais, dit Dixmer ; mais à l'instant

même je te dénonce comme mon complice, et au lieu de me laisser aller tout seul dans la fameuse salle, tu m'y accompagneras.

Le greffier pâlit.

— Ah ! scélérat ! dit-il.

— Il n'y a pas de scélérat là de-dans, reprit Dixmer ; j'ai besoin de parler à ma femme, et je te demande une carte pour arriver jusqu'à elle.

— Voyons, est-ce donc si nécessaire que tu lui parles ?

— Il paraît, puisque je risque ma tête
pour y parvenir.

La raison parut plausible au greffier.
Dixmer vit qu'il était ébranlé.

— Allons, dit-il, rassure-toi, on n'en
saura rien. Que diable, il doit se pré-
senter parfois des cas pareils à celui où
je me trouve.

— C'est rare. Il n'y a pas grande con-
currence.

— Eh bien ! voyons, arrangeons cela
autrement.

—Si c'est possible, je ne demande pas mieux.

— C'est on ne peut plus possible. Entre par la porte des condamnés, par cette porte là il ne faut pas de carte. Et puis, quand tu auras parlé à ta femme, tu m'appelleras et je te ferai sortir.

— Pas mal ! fit Dixmer ; malheureusement, il y a une histoire qui court la ville.

— Laquelle.

— L'histoire d'un pauvre bossu qui s'est trompé de porte, et qui, croyant entrer aux archives, est entré dans la salle dont nous parlons. Seulement, comme il y était entré par la porte des condamnés, au lieu d'y entrer par la grande porte ; comme il n'avait pas de carte pour faire reconnaître son identité, une fois entré on n'a pas voulu le laisser sortir. On lui a soutenu que puisqu'il était entré par la porte des autres condamnés, il était condamné comme les autres. Il a eu beau protester, jurer, appeler, personne ne l'a cru, personne n'est venu à son aide, personne ne l'a fait sortir. De sorte que, malgré ses protestations, ses serments, ses cris, l'exécuteur lui a d'abord coupé ses cheveux, et ensuite le cou. L'anecdote est-elle vraie, citoyen greffier ! tu dois le savoir mieux que personne.

— Hélas! oui, elle est vraie! dit le greffier tout tremblant.

— Eh bien ! tu vois donc qu'avec de pareils antécédents je serais un fou d'entrer sans carte dans un pareil coupe-gorge.

— Mais puisque je serai là, je te dis !

— Et si l'on t'appelle, si tu es occupé ailleurs, si tu oublies?—Dixmer appuya impitoyablement sur le dernier mot: Si tu oublies que je suis là ?

— Mais puisque je te promets.....

— Non, d'ailleurs, cela te compromettrait; on te verrait me parler; et puis, enfin, cela ne me convient pas. Ainsi j'aime mieux une carte.

— Impossible.

— Alors, cher ami, je parlerai, et nous irons faire un tour ensemble à la place de la Révolution.

Le greffier, ivre, étourdi, à demi-mort, signa un laissez-passer pour *un citoyen.*

Dixmer se jeta dessus et sortit précipitamment pour aller prendre, dans le prétoire, la place où nous l'avons vu.

On sait le reste.

De ce moment le greffier, pour éviter
toute accusation de connivence, alla
s'asseoir près de Fouquier-Thinville,
laissant la direction de son greffe à son
premier commis.

A trois heures dix minutes, Maurice,
muni de la carte, traversa une haie de
guichetiers et de gendarmes, et arriva
sans encombre à la porte fatale.

Quand nous disons fatale, nous exagé-
rons, car il y avait deux portes. La
grande porte, par laquelle entraient et
sortaient les porteurs de carte ; et la

porte des condamnés, par laquelle entraient ceux qui ne devaient sortir que pour marcher à l'échafaud.

FIN DU CINQUIÈME VOLUME.

TABLE

Des chapitres du cinquième volume.

FIN DE LA TABLE DU CINQUIÈME VOLUME.